Die KUNST des ZEICHNENS 15 MINUTEN GESICHTER

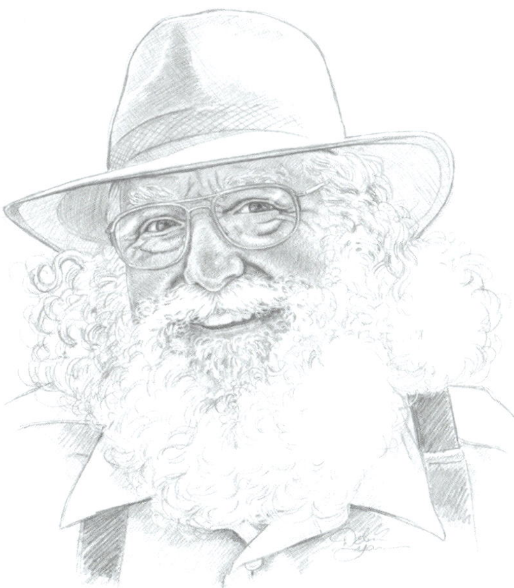

Inhaltsverzeichnis

Zeichnen in 15 Minuten

Wenn Sie Menschen zeichnen möchten, beginnen Sie am besten mit Porträts. Die Formen sind einfach und die Proportionen leicht abzumessen. Außerdem lohnt es sich, Porträts anzufertigen: Es macht jeden Zeichner stolz, wenn ein Bild, das er von einem Menschen angefertigt hat, große Ähnlichkeit mit dem Modell besitzt – besonders wenn es sich um einen nahestehenden Menschen handelt.

Die Grundlagen, um Gesichter zeichnen zu können, finden Sie in diesem Buch. Sie erlernen Schritt für Schritt den richtigen Aufbau von Kinder- und Erwachsenenporträts, studieren Augen, Ohren, Mund und Nase und kombinieren diese Elemente gekonnt. Viele Tipps helfen Ihnen dabei, Fehler zu vermeiden.

Das Buch besteht aus verschiedenen Lektionen, die aufeinander aufbauen. Jede der Lektionen widmet sich einem eigenen Thema, zum Beispiel „Gesicht“, „Mund und Lippen“, „Frau“, „Mann“, „Kind“ oder „Ältere Menschen“. Jedes Thema schließt mit einem oder mehreren Motiven ab, für die Sie lediglich etwa 15 Minuten Zeit investieren müssen.

Das Ergebnis wird Sie überraschen – und sicherlich große Freude machen. Einzige Voraussetzung: Sie arbeiten die methodisch und aufeinander abgestimmten Lektionen systematisch durch. Sie werden staunen, wie schnell sich sichtbare Fortschritte einstellen, wenn Sie die Grundtechniken des Zeichnens von Gesichtern beherrschen. Also, los geht's!

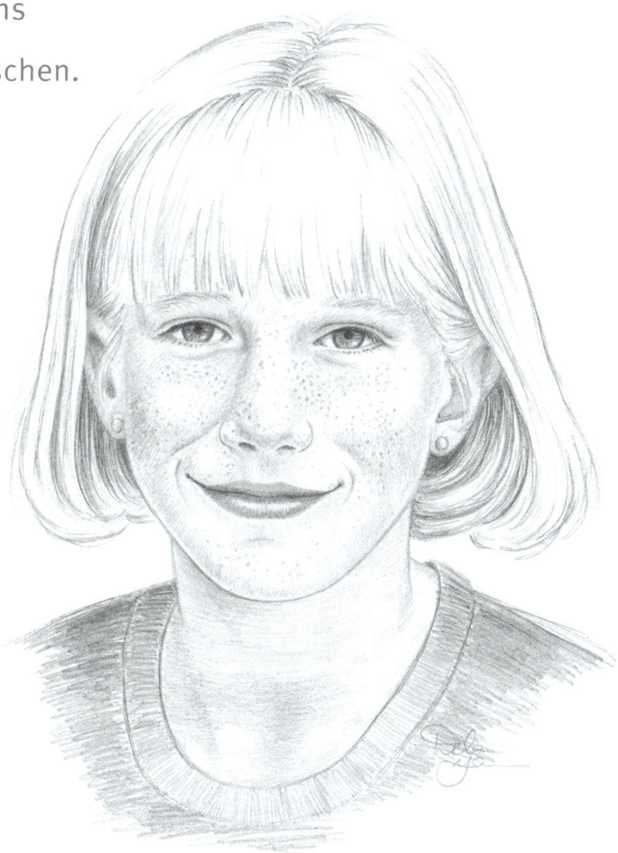

Wege zum perfekten Porträt

So einzigartig die Gesichtszüge eines jeden Menschen sind, im Grunde ist es einfach zu lernen, wie man ein Porträt zeichnet. Denn der Aufbau unseres Gesichts folgt einfachen Regeln, die Sie in diesem Buch in Ruhe kennenlernen können. Je mehr Menschen Sie dann zeichnen, umso schneller erkennen Sie, was an einem Gesicht unverwechselbar ist – und schon bald wissen Sie genau, wie Sie dies auch darstellen können. Zusätzlich helfen Ihnen Tipps für den Umgang mit Licht und Schatten und für die Gestaltung eines passenden Hintergrunds sowie für das Arbeiten nach einem Foto oder mit einem lebenden Modell dabei, als Zeichner immer sicherer zu werden.

Wenn auch Sie das Zeichnen von Menschen interessiert, dann sollten Sie nicht zögern, Ihre ersten zeichnerischen Gehversuche in diesem Bereich zu machen. Selbst ein Porträt wird Ihnen oft schon am Anfang gelingen – denn wie der bekannte amerikanische Zeichner William F. Powell einmal sagte: „Ein Gesicht zu zeichnen ist nicht schwieriger als alles andere auch“.

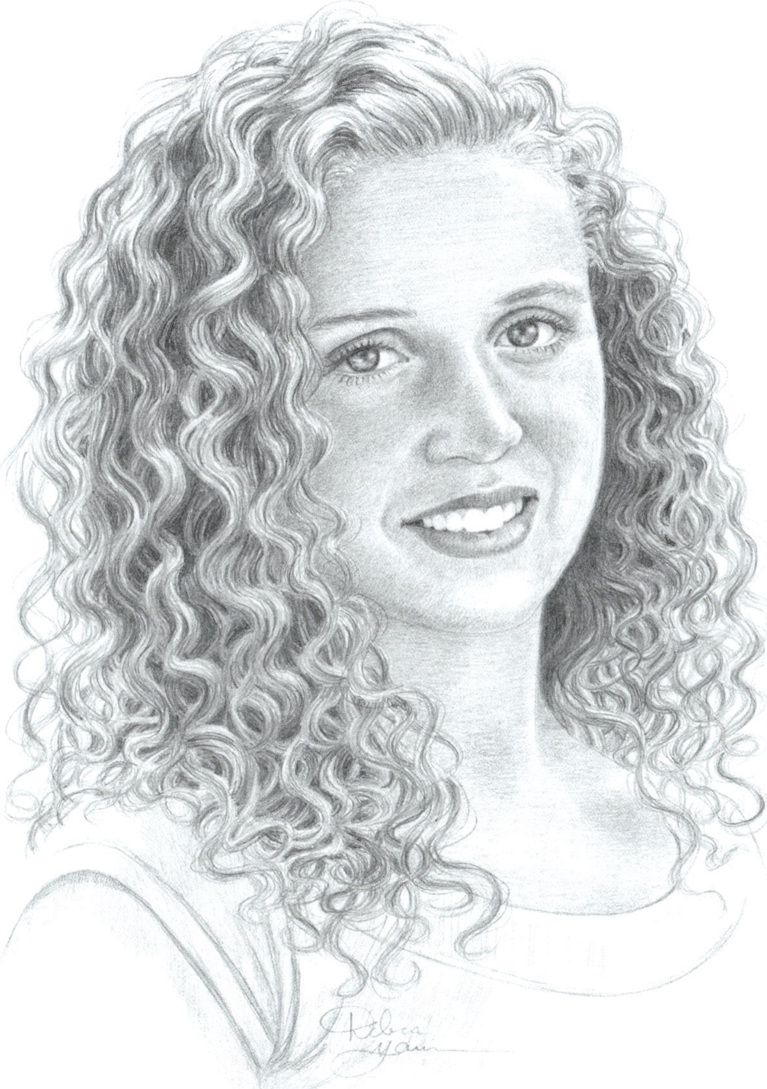

Material

Arbeitsplatz und Papier

Damit Sie von Anfang an schöne Bilder zeichnen können, sollten Sie wissen, welche Ausstattung besonders für Anfänger geeignet ist. Etwas Materialkunde hilft Ihnen auch, gleich zu Beginn solides Material zu erstehen.

Zeichnen macht Freude! Zudem ist es eine der wichtigsten Kunstformen – und es hat den großen Vorteil, dass Sie im Grunde immer und überall künstlerisch tätig sein können. Außerdem ist das Material überaus erschwinglich. Beginnen Sie am besten mit einer günstigen Grundausstattung und kaufen Sie sich nach und nach besseres Material dazu.

Arbeitsplatz

Am besten ist es, wenn Sie sich einen Platz am Fenster mit genug Ablagefläche für Ihr Material einrichten. Ideal sind natürlich ein eigenes Zimmer mit Licht von Norden und ein Zeichentisch. Nur wenn Sie nachts arbeiten, brauchen Sie eine Glühbirne mit sanftem gelblichem Licht und eine Quelle für bläulich-weißes Licht.

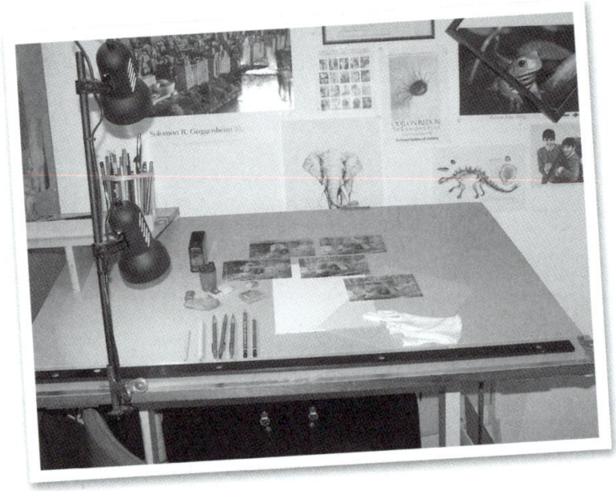

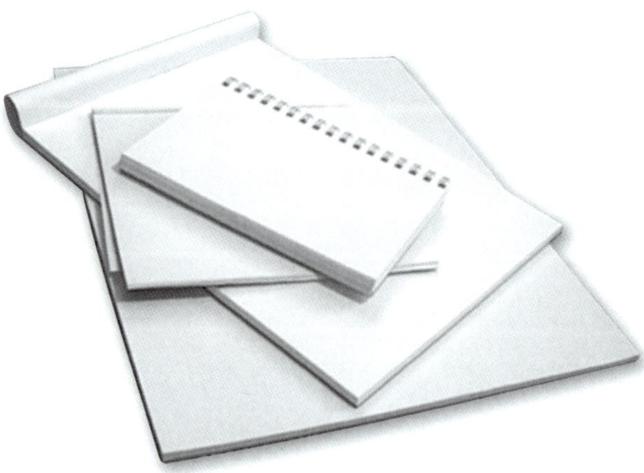

Skizzenbücher

Skizzenhefte mit praktischer Bindung erhalten Sie in vielen Größen und mit unterschiedlichem Papier. Für zu Hause eignen sich große Formate, auf denen Sie ein Bild in Ruhe vorzeichnen können. Auf Reisen und für die Arbeit im Freien ist ein kleines Heft ideal. Eine gute Wahl sind Blöcke mit Spiralbindung und schwach gekörntem Papier von mittlerem Papiergewicht.

TIPPS

Zeichenpapier

Für die Reinzeichnung Ihres Motivs wählen Sie ein Einzelblatt. Diese sind in unterschiedlicher Ausführung erhältlich. Von feinstem weißem Papier mit leichter Körnung bis zu Papier mit hohem Holzgehalt und grober Körnung gibt es viele Zwischenstufen und Varianten. Sie haben die Wahl.

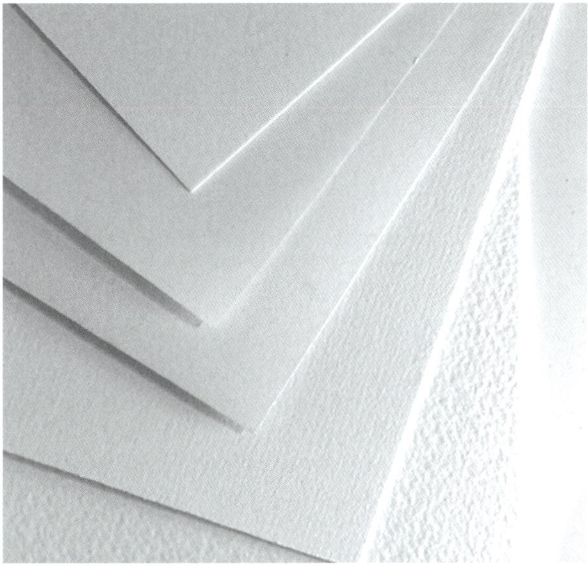

Papier für Kohlezeichnungen

Beim Zeichnen mit Kohle haften die Kohlepartikel nur lose auf dem Zeichengrund; sie verwischen also leichter als Bleistiftzeichnungen. Für Kohle eignen sich am besten spezielle Papiersorten, die Sie im Fachhandel finden. Viele haben eine raue Oberfläche, die Zeichnungen noch interessanter macht.

Bleistifte, Radiergummis & Co.

Wenn Sie verschiedene Zeichentechniken ausprobieren, werden Sie herausfinden, womit Sie am besten zurechtkommen.

Ein großer Vorteil von Bleistift, Zeichenkohle oder schwarzer Aquarellfarbe besteht darin, dass man diese Materialien bequem mitnehmen kann, um beispielsweise im Freien zu zeichnen. Außerdem kosten sie nicht sonderlich viel. Die folgenden Werkzeuge und Materialien stellen eine solide Grundausstattung dar. Experimentieren Sie aber unbedingt auch mit anderen Stiften, Papieren und Techniken – es gibt mehr als eine richtige Zeichenmethode.

Pinsel

So einen Pinsel (A) bekommt man preiswert im Haushaltswarengeschäft, denn eigentlich ist es ein Backpinsel. Er ist ideal, um Radierkrümel und andere Partikel vom Papier zu „fegen". Dazu eignet er sich bestens!

Stift-Verlängerung

Stifte, die durch häufiges Anspitzen kurz geworden sind, liegen mit so einer Verlängerung (C) wieder besser in der Hand.

Knetgummi

Knetbare Radiergummis (E) sind sehr praktisch. Zum punktuellen Radieren kann man sie spitz formen. Flach gelegt nehmen sie Grafit oder Kohle vom Papier, ohne dessen Oberfläche zu beschädigen. Obendrein hinterlassen sie keine lästigen Krümel.

Kunststoffradierer

Die weißen Radierer (G) sind nützlich, um größere Flächen auszuradieren oder Lichter in dunklen Flächen zu setzen. Vorsichtig verwenden, um das Papier beim Radieren nicht zu beschädigen.

Radierstift

Mechanische Stifte mit nachfüllbaren Radiersträngen (B) sind zum präzisen Arbeiten sehr praktisch. Man kann sie auch zusammen mit einer Radierschablone benutzen.

Papierwischer

Diese Stifte aus aufgerolltem Papier (D) verwendet man zum Verwischen von Grafit und Zeichenkohle. Wenn die Spitze schmutzig wird, einfach über einen Knetradiergummi reiben, um sie zu säubern.

Radierschablone

Die Schablone (F) auflegen, um Bereiche zu schützen, die nicht ausradiert werden sollen.

Anspitzer

Ein kleiner Anspitzer (H) ist vollkommen ausreichend. Stifte werden mit der Spitze aufgesetzt, um feine Linien und Details zu zeichnen. Zeichnet man mit der Seite der Mine, erzeugt sie breite Striche. Mit einem Minenschärfblock (I) lässt sich die Form der Spitze genauer kontrollieren. Den Stift vorsichtig darüberrollen, um eine gleichmäßig runde Spitze zu erhalten – oder senkrecht aufsetzen, um sie stumpf und breit zu formen.

Bleistifte

Bleistifte gibt es in vielen Ausführungen. Probieren Sie verschiedene Typen aus, um diejenigen zu finden, die sich für Ihren Zeichenstil am besten eignen. Es gibt Stifte mit Holzmantel (J), ohne Holzmantel (K) sowie verschiedene Arten von Druckbleistiften (L). Außerdem sind verschiedene Härtegrade erhältlich. Der Buchstabe H steht für „hart". Diese Stifte eignen sich am besten für feine Skizzen. Der Buchstabe B bezeichnet weiche Bleistifte, die sich zum Schattieren verschiedener Motivbereiche empfehlen. Je höher die Zahl vor dem Buchstaben, desto härter oder weicher ist der Stift. Ein Bleistift 4H ist sehr hart und erzeugt nur einen zarten Grauton. Ein Bleistift 9B ist sehr weich und zeichnet einen sehr dunklen Strich.

Harte Bleistifte sollten immer mit ganz leichter Hand geführt werden, damit keine Abdrücke auf dem Papier entstehen. Zum Vorzeichnen eignet sich der neutrale Härtegrad HB am besten. Die Härtegrade, die man beim Arbeiten am häufigsten braucht, sind HB, 3B, 4B, 6B und 9B. Mit ihnen lassen sich viele verschiedene Tonwerte gestalten. Die Härten 6B und weicher sollten nur für die dunkelsten Motivbereiche verwendet werden.

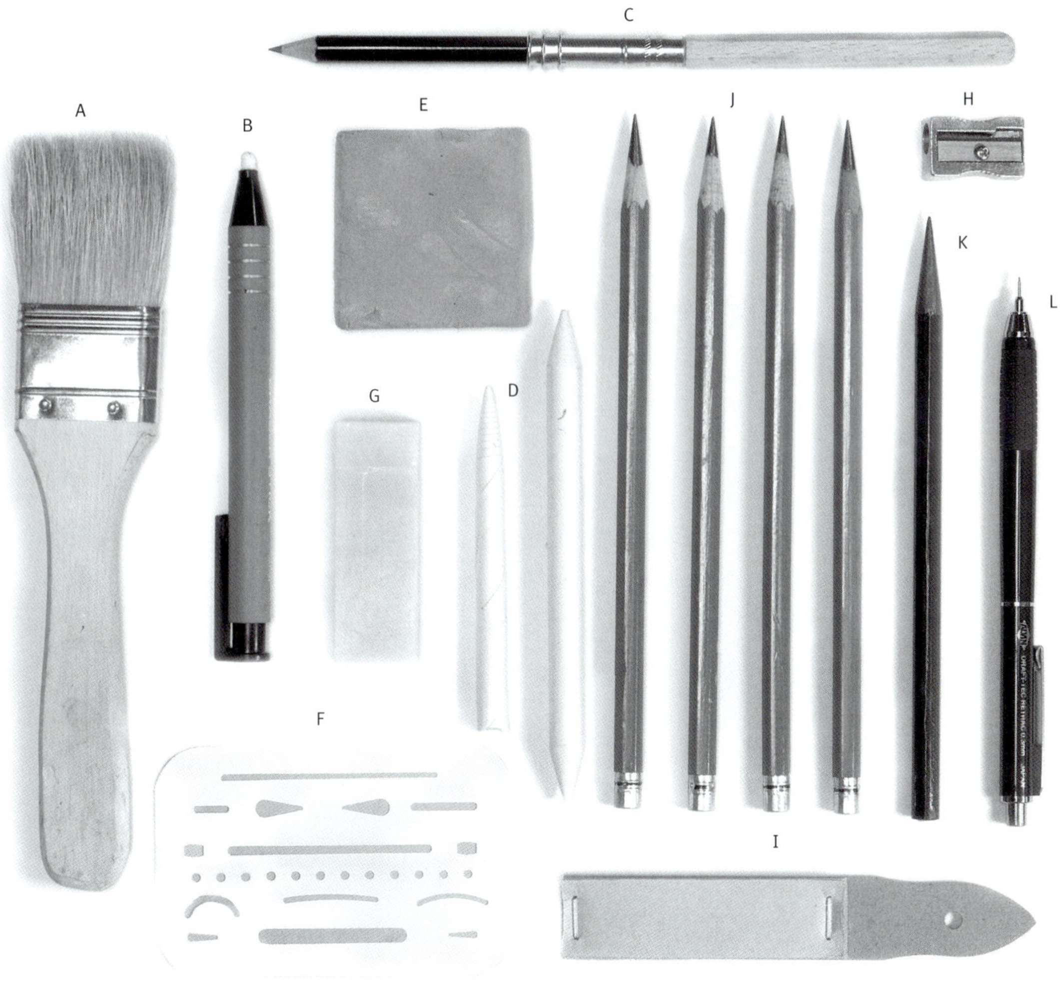

Technik

Mit dem Stift spielen

Beim Radieren leistet ein elektrischer Radierer gute Dienste. Mit der rotierenden Spitze lassen sich auch Linien und Muster sehr gut aus einer schraffierten Fläche herausradieren. Anfänger sollten mit dem Gerät allerdings erst einmal ein wenig experimentieren.

TIPPS

Linien kann man nicht nur mit einem spitzen Bleistift ziehen – es ist oft sogar besser, mit der stumpfen Mine zu arbeiten, denn so lassen sich sehr interessante Effekte erzielen. Und je breiter die Bleistiftmine ist, umso schöner sind die Effekte zu sehen. Probieren Sie unbedingt verschiedene Bleistifttypen aus, um selbst zu erleben, was Sie alles damit machen können. Nehmen Sie beim Ausprobieren einmal den spitzen Bleistift, einmal den stumpfen und zeichnen Sie alle Linien und Punkte, die Ihnen einfallen. Lassen Sie sich von den Beispielen auf dieser Seite inspirieren.

Beim Experimentieren mit Linien und Formen werden Sie merken, dass Sie bei einigen Kritzeleien plötzlich an bestimmte Dinge denken – so erinnern kleine Vs an fliegende Vögel oder Wellenlinien an Wasser.

Mit dem gespitzten Bleistift zeichnen

Nehmen Sie sich Zeit, einen spitzen Stift und Papier. Beginnen Sie mit einfachen parallelen Strichen. Variieren Sie im nächsten Feld die Striche und zeichnen Sie nach und nach das ganze Blatt voll mit den unterschiedlichsten Strichen und Mustern wie im Beispiel. Zeichnen Sie anschließend alle Varianten mit einem stumpfen Bleistift. Selbst wenn Sie genau denselben Griff verwenden und alle Striche gleich setzen – Sie werden den Unterschied erkennen, sobald Sie den Stift wechseln.

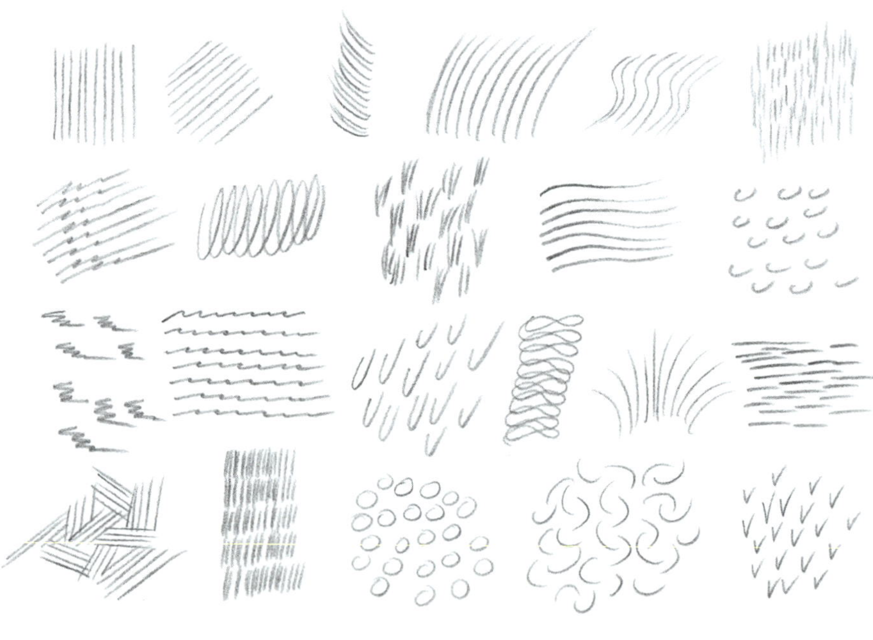

Bleistifte spitzen

Künstlermesser sind bestens geeignet, um Stifte anders als mit dem Spitzer zu formen und ihnen eine meißelförmige, stumpfe oder flache Spitze zu geben. Sie halten das Messer schräg zum Stift und schnitzen vom Körper weg. Immer nur wenig von der Mine und vom Holz abschneiden.

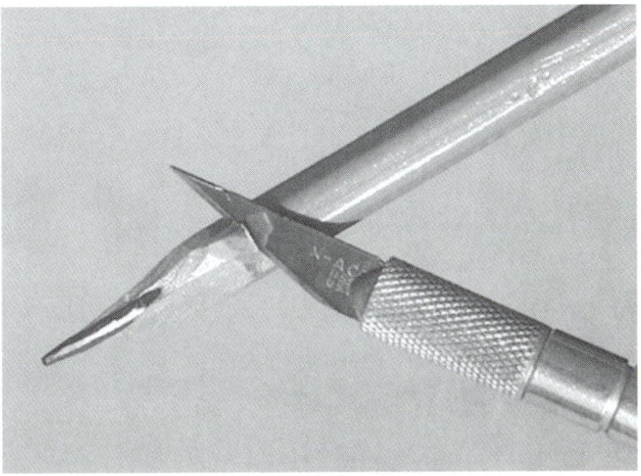

Sandpapier formt eine Bleistiftmine ganz schnell in jede gewünschte Form. Es nimmt auch etwas vom Holzmantel mit. Je feiner die Körnung, desto besser können Sie das Ergebnis kontrollieren. Sie müssen den Bleistift beim Schärfen in der Hand rollen, damit die Mine gleichmäßig wird.

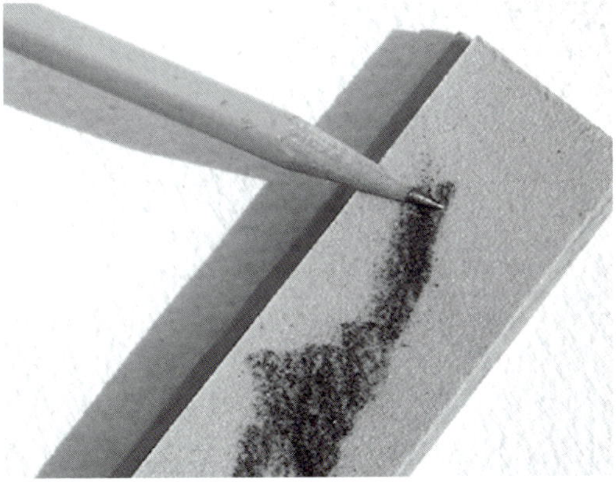

Raues Papier ist sehr gut geeignet, um eine Mine, die Sie mit Sandpapier gespitzt haben, ganz fein abzureiben. So erhalten Sie einen ganz spitzen Bleistift für winzig kleine, feine Details. Auch hierbei müssen Sie den Bleistift die ganze Zeit drehen.

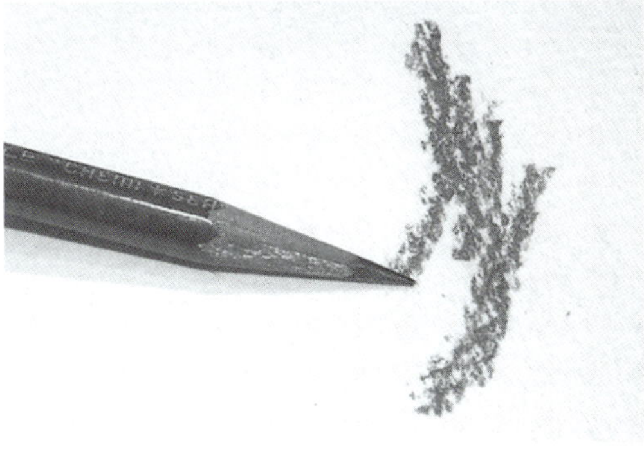

Grundwissen Schraffieren

Die meisten Künstler verwenden nur zwei Grifftechniken. Mit der Schreibhaltung lassen sich sehr detaillierte Zeichnungen anfertigen, da Sie so den Stift optimal kontrollieren können. Freiere Striche erlaubt dagegen der lockere Schraffurgriff, bei dem Sie auch den Arm einsetzen und eine Bewegung wie beim Malen machen.

TIPPS

Ein Bleistift ist ein unglaublich vielseitiges Instrument, mit dem Sie viele Effekte erzielen können. Unterschiedliche Griff- und Schraffurtechniken ermöglichen eine Vielzahl unterschiedlicher Striche und Linien. Wenn Sie zum Beispiel den Griff ändern, mit dem Sie den Stift halten, verändert sich das Bild Ihrer Linien. Anfänger übersehen auch leicht, welchen Unterschied es macht, ob die Spitze des Bleistifts frisch gespitzt ist oder stumpf. Auch die Art der Mine wirkt sich auf die Striche aus. Was alles mit einem Bleistift möglich ist, können Sie aber nur entdecken, wenn Sie es ausprobieren!

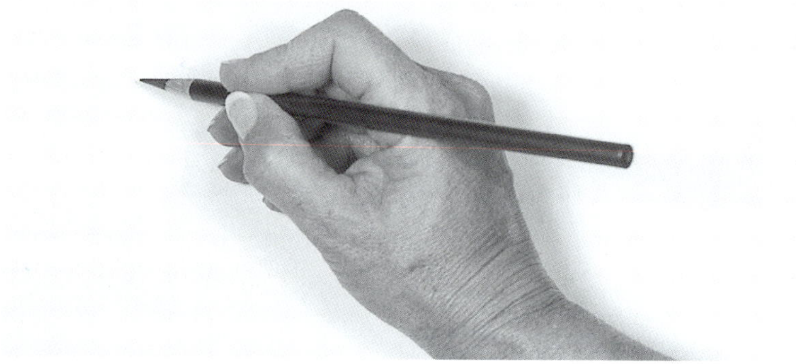

Schreibhaltung

Dieser Griff erlaubt die beste Kontrolle und saubere, präzise Linien, die für Details und Akzente einfach perfekt sind. Achten Sie nur darauf, ein sauberes Stück Papier unter den Handballen zu legen, damit Ihre Zeichnung nicht verschmiert.

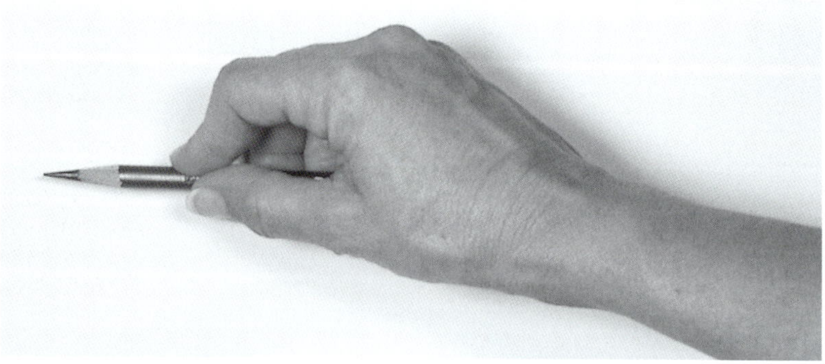

Lockerer Schraffurgriff

Greifen Sie den Stift so, dass Ihre Hand ihn von oben bedeckt und Sie ihn mit Daumen und Zeigefinger führen können. So lassen sich wunderschöne Schraffuren anfertigen.

Die 6 wichtigsten Schraffurtechniken

Schon die folgenden sechs Grundtechniken reichen aus, um alles zu zeichnen, was Sie nur wollen – von zarter Gesichtshaut über langes Haar bis zu unterschiedlichen Schatten oder einem einfachen Hintergrund. Das Wichtigste beim Schraffieren ist es, aufmerksam zu arbeiten. Wer den Stift nur lustlos und mechanisch übers Papier bewegt, produziert leider ganz schnell dicke Striche und unebene Flächen. Schraffieren Sie möglichst mit gleichmäßigen Auf-und-ab-Bewegungen und gleiten Sie dabei sanft über die Stelle, an der Sie arbeiten.

Schraffieren

So leicht ist es, eine Fläche auf dem Papier dunkel zu färben: Sie zeichnen einfach parallele Striche. Je geringer der Abstand zwischen den Strichen ist, desto dunkler wird die Stelle.

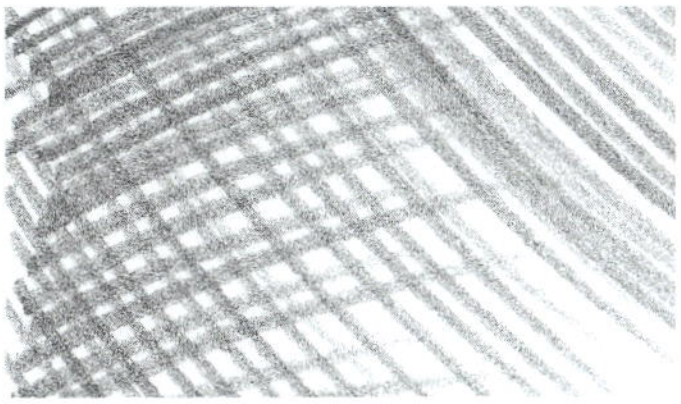

Kreuzschraffuren

Für stärkere Schatten und dunklere Stellen verwenden Sie Kreuzschraffuren. Je mehr Striche sich überkreuzen, desto dunkler wird der Bereich.

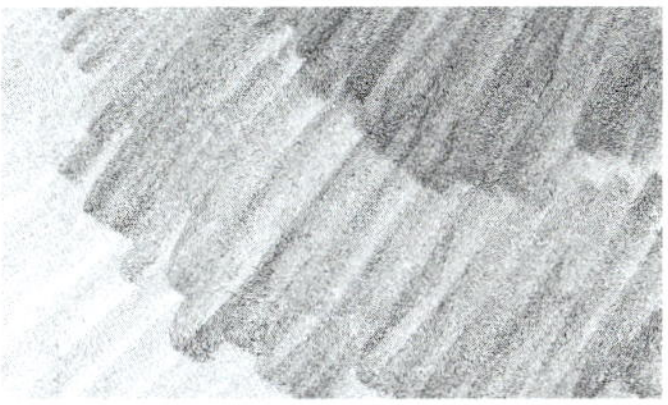

Abstufungen

Mit der Seite der Bleistiftmine drücken Sie für dunkle Stellen beim Schraffieren fester auf – für hellere Stellen leichter.

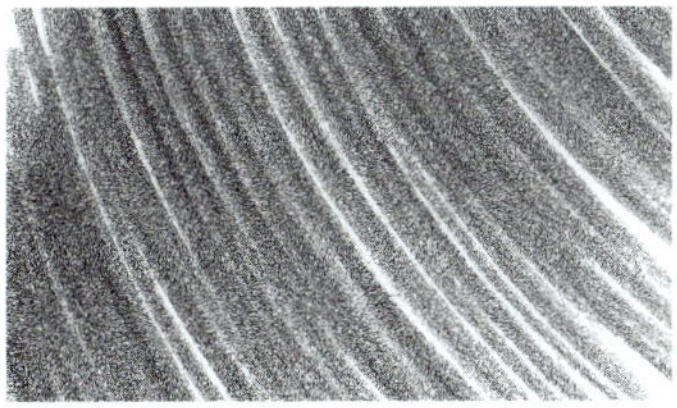

Dunkle Schraffuren

Wenn Sie stärker aufdrücken, können Sie sehr dunkle Stellen schraffieren.

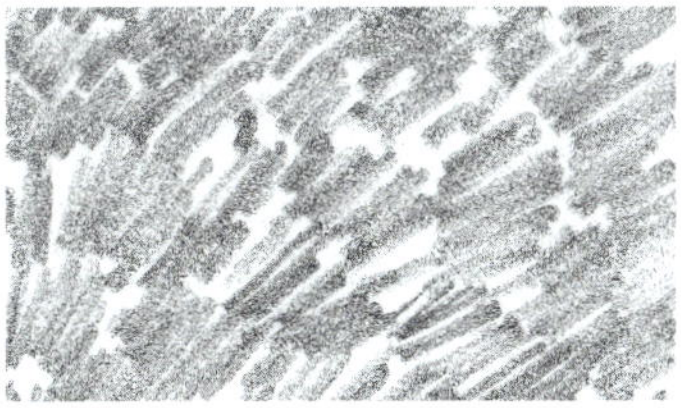

Muster

Um ein Muster zu zeichnen, nehmen Sie die Seite der Bleistiftmine und setzen kurze, ungleichmäßige Striche nebeneinander.

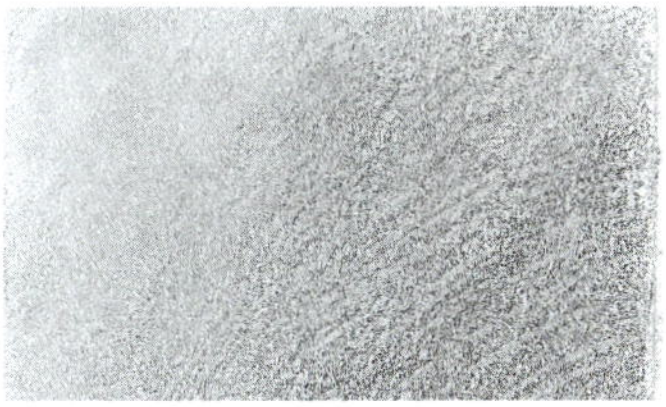

Verreiben

Sehr feine Übergänge schaffen Sie, wenn Sie nachträglich mit dem Papierwischer oder einem Tuch über eine schraffierte Stelle reiben.

Grauwerte

Spielen Sie als Zeichner mit den Grauwerten genauso wie ein Musiker mit den Tönen der Tonleiter! Fertigen Sie dazu eine Musterkarte wie auf Seite 17 an, dann haben Sie Richtwerte, auf die Sie sich verlassen können.

TIPPS

Wenn Sie etwas Übung darin haben, mit dem Bleistift Flächen gleichmäßig auszufüllen, probieren Sie verschiedene Härtegrade aus, um die Variationen des Tonwerts kennenzulernen. Der Tonwert ist die relative Helligkeit oder Dunkelheit einer Farbe, bei Schwarz spricht man auch von Graustufen. Durch Schatten (dunkle Tonwerte) und Lichter (helle Tonwerte) entstehen Tonwertvariationen, die Ihre Zeichnungen plastischer und realistischer wirken lassen.

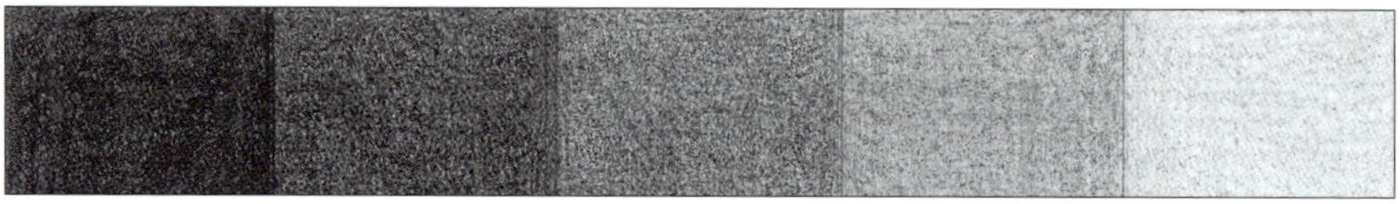

Graustufen-Skala

Durch das Zeichnen einer Graustufen-Skala werden Sie mit den Tonwerten vertraut. Legen Sie mehrere Bleistifte bereit (in diesem Fall 2B, B, HB, H und 2H). Zuerst wird ein Feld mit waagerechten Strichen mit dem Bleistift 2B ausgefüllt. Für das nächste Feld nehmen Sie die Härte B. Jeweils den nächsthärteren Stift verwenden und das letzte Feld mit dem Bleistift 2H ausfüllen.

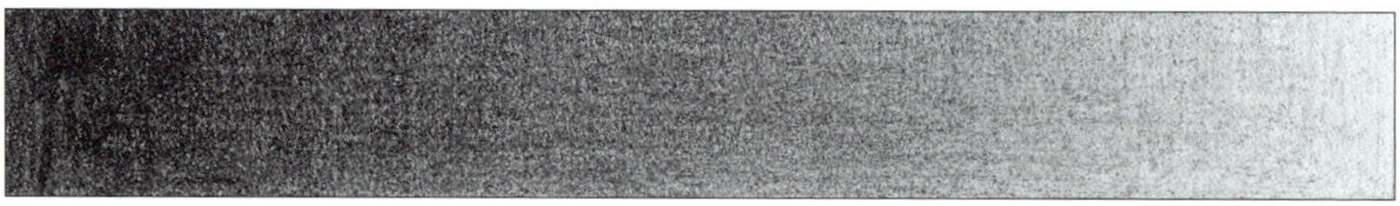

Graustufen-Verlauf

Bei dieser Skala werden die Übergänge zwischen den einzelnen Tonwert-Feldern mit einem Papierwischer fließend verwischt. Ganz links mit Härte 2B beginnen, dann fortlaufend härtere Stifte verwenden, bis die letzte Fläche mit 2H ausgefüllt wird. In der rechten Hälfte des letzten Feldes nur ganz leicht aufdrücken, sodass ein fließender Übergang zum weißen Papier am äußersten rechten Rand entsteht.

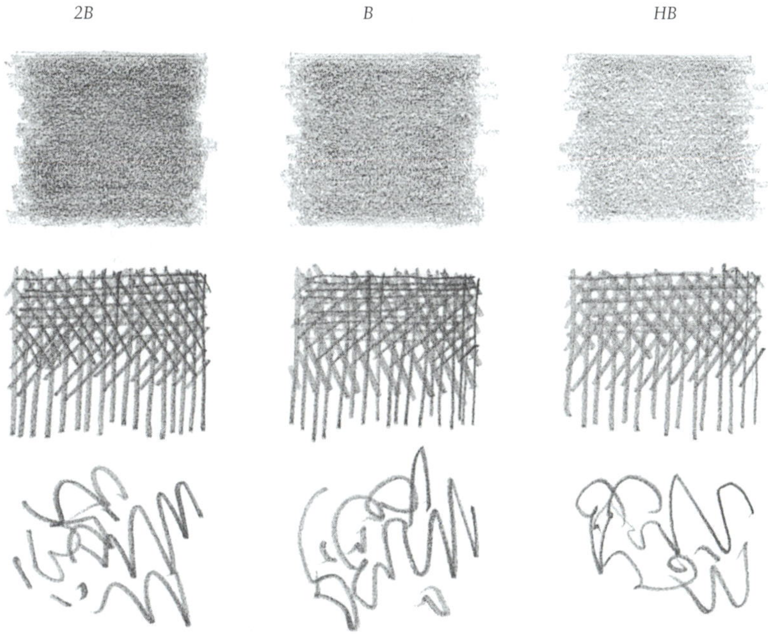

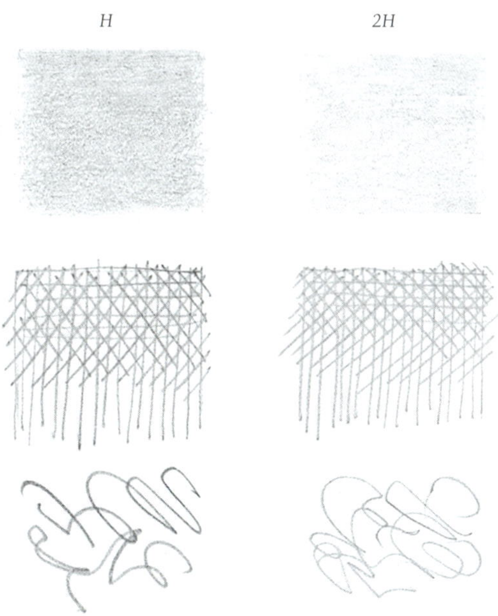

Eine Musterkarte anlegen

Wählen Sie mehrere Bleistifte verschiedener Härte (in diesem Fall 2B, B, HB, H und 2H) und zeichnen Sie mit jedem Stift kleine Flächen in verschiedenen Techniken, etwa gerade Striche, Kreuzschraffuren und lockere Kritzel-Linien. Arbeiten Sie stets mit demselben Druck. Notieren Sie sich auch die Härtegrade, mit dem die Beispiele gezeichnet wurden. So eine Musterkarte ist hilfreich bei der Wahl der richtigen Härte für verschiedene Tonwerte und Effekte.

Licht und Schatten

Grundsätzlich unterscheiden wir zwischen Schlagschatten und Formschatten. Den Schlagschatten wirft das Objekt auf andere Oberflächen. Formschatten zeigen sich auf seiner eigenen Oberfläche. Sie helfen uns, die Form eines Gegenstands oder eines Lebewesens zu erkennen. Formschatten werden mit zunehmender Entfernung von der Lichtquelle dunkler.

Wir sehen Formen dreidimensional, weil ihre Oberflächen das Licht unterschiedlich reflektieren. Für eine realistische Zeichnung muss das Objekt so beleuchtet sein, dass seine wahre Form erkennbar wird. Wird ein Objekt direkt von vorn angestrahlt, sieht man die hinter ihm liegenden Schatten nicht, und das Objekt wirkt flach. Wird es hingegen schräg von vorn beleuchtet, entstehen Schatten verschiedener Tiefe, die seine dreidimensionale Form verdeutlichen.

Eine Zeichnung mit starken Unterschieden zwischen Licht und Schatten (sehr dunklen Schatten und sehr hellen Lichtreflexen) ist kontrastreich. Bewegen sich dagegen die meisten Tonwerte im mittleren Bereich, ist eine Zeichnung kontrastarm. Kontraste sorgen dafür, dass eine Zeichnung ins Auge fällt und ausgeprägt plastisch erscheint. Andererseits sehen „weiche" Motive wie ein Babyporträt mit sanfteren Kontrasten stimmiger aus. An den folgenden Beispielen sind die Unterschiede zwischen kontrastarmen und kontrastreichen Motiven gut zu erkennen.

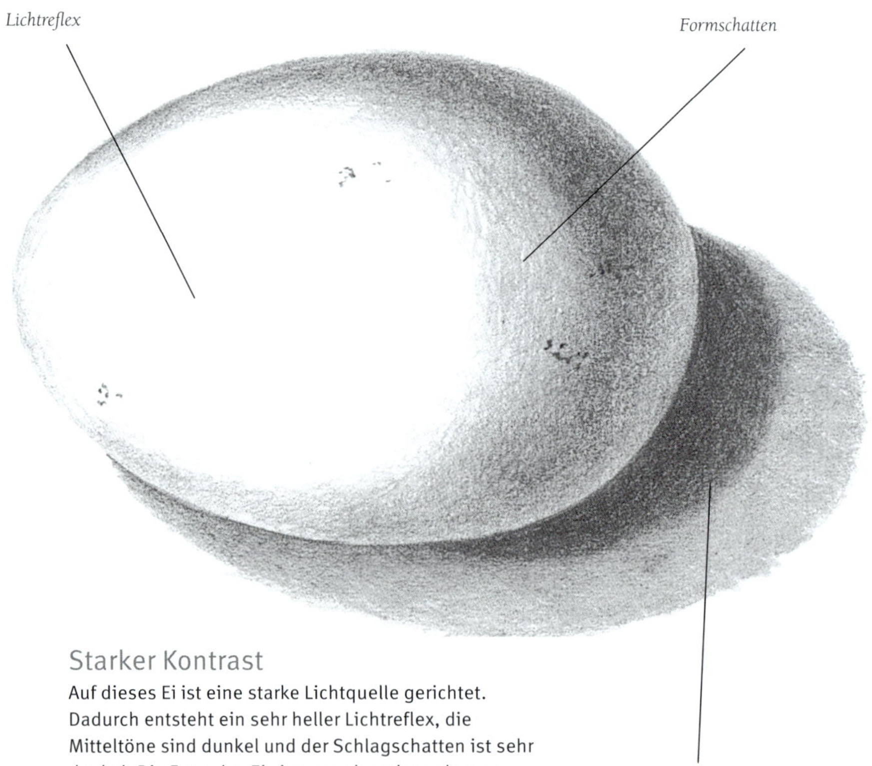

Starker Kontrast

Auf dieses Ei ist eine starke Lichtquelle gerichtet. Dadurch entsteht ein sehr heller Lichtreflex, die Mitteltöne sind dunkel und der Schlagschatten ist sehr dunkel. Die Form des Eis ist gut erkennbar, aber es sieht sehr hart aus, als bestünde es aus Stein.

TIPPS

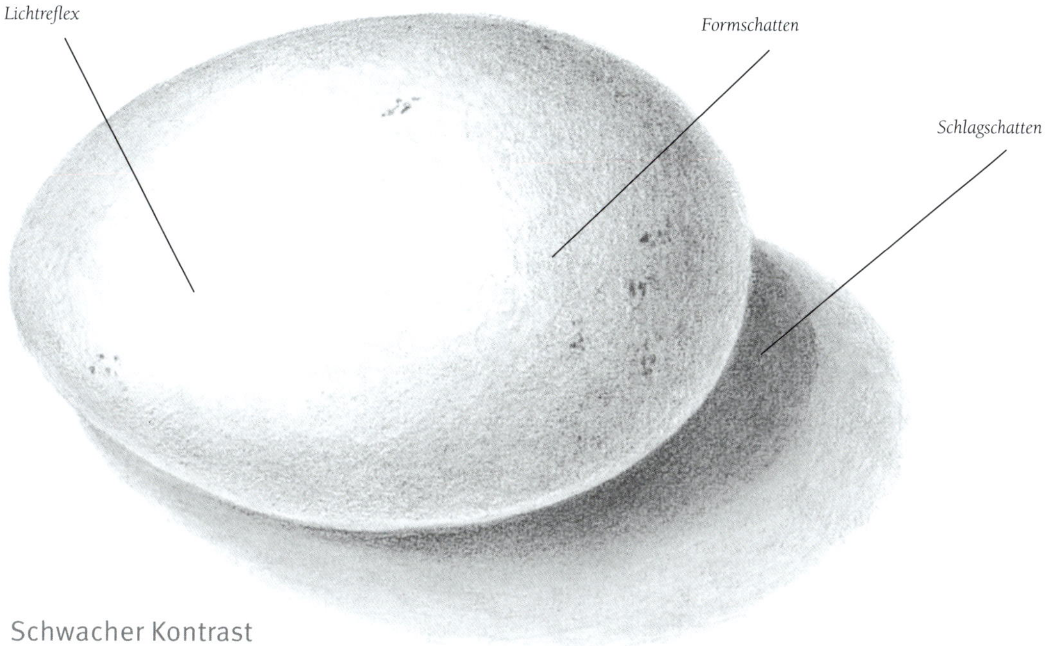

Schwacher Kontrast

Hier ist das Licht weicher, sodass sich mehr mittlere Graustufen auf der Oberfläche des Eis zeigen und die Schatten heller ausfallen. Obwohl die Schatten weniger klar umrissen sind als im nebenstehenden Beispiel, kommt der natürliche, organische Charakter des Eis so besser zum Ausdruck.

Grundformen des Gesichts

So mancher fürchtet, dass es kompliziert ist, ein Gesicht zu zeichnen – doch keine Angst: Es geht in Wirklichkeit nur darum, ein Gespür für die Proportionen zu bekommen und darum, die verschiedenen Elemente eines Gesichts, wie Mund oder Nase, zeichnen zu können. Beides besteht nur aus einfachen Kurven und Grundformen und ist ganz einfach zu zeichnen.

Auge

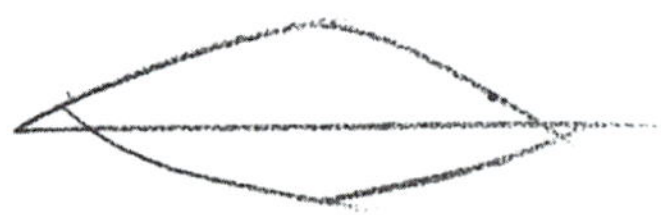

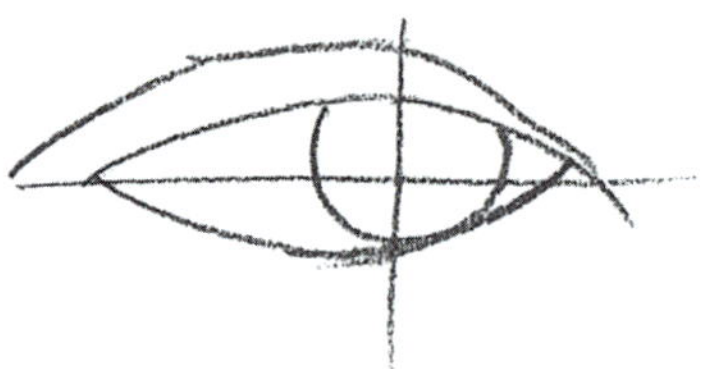

In dieser Ansicht liegt die Iris in der Nähe des Augenwinkels. Zeichnen Sie die Hilfslinien an der richtigen Stelle ein.

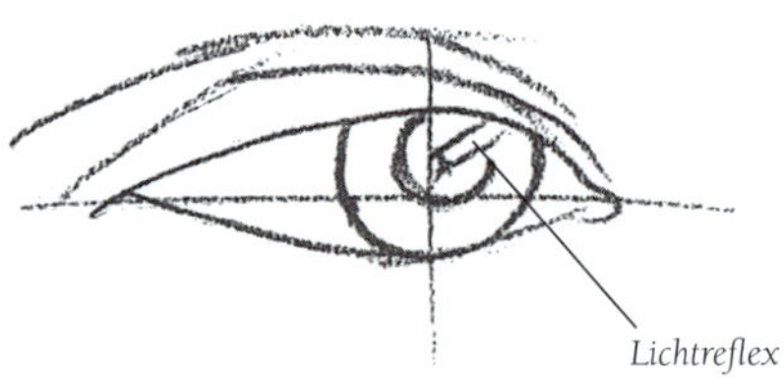

Mund

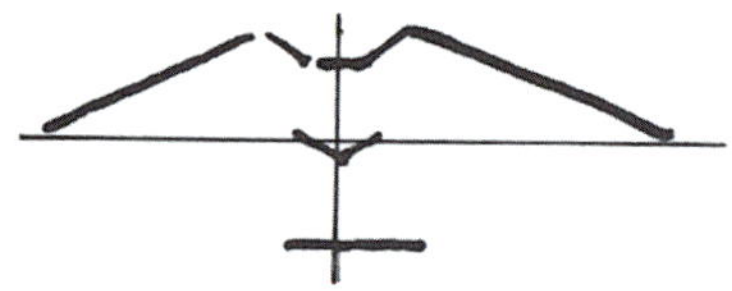

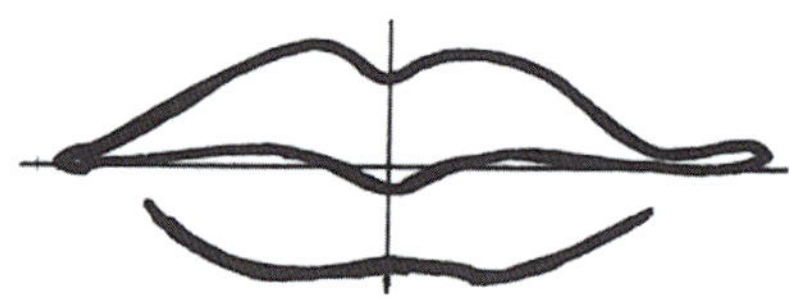

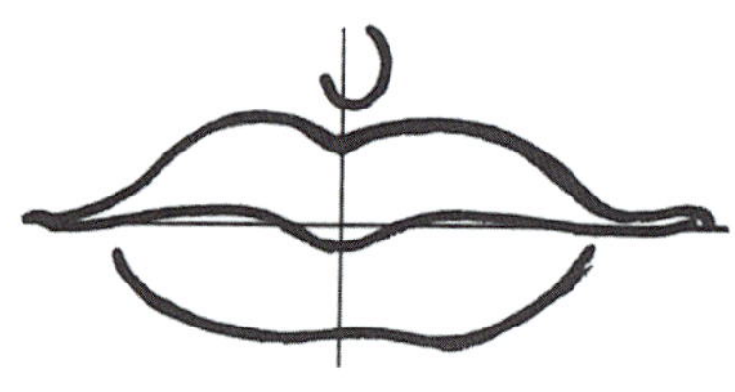

Ganz gleich, ob Sie Mund und Augen von vorne oder im Profil darstellen wollen – beide Elemente lassen sich aus einfachen Hilfslinien aufbauen. Von vorne gesehen sind die Hilfslinien gebogen und von der Seite sind die Linien etwas geneigt. Um diese Hilfslinien herum bauen Sie mit einfachen Kreisen und geschwungenen Linien Mund und Augen auf.

Beginnen Sie am besten damit, zunächst die Formen von Augen und Mund zu üben. Bitten Sie jemanden, Modell zu sitzen oder nehmen Sie ein Foto als Vorlage.

Beschäftigen Sie sich mit den Abbildungen auf dieser Seite und zeichnen Sie jedes Motiv mehrmals, bis Sie es sicher beherrschen.

TIPPS

Auge im Profil

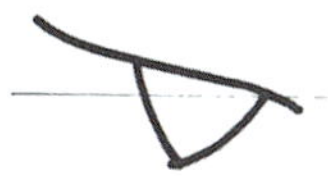

Der Augapfel ist immer zu einem guten Teil vom Lid bedeckt.

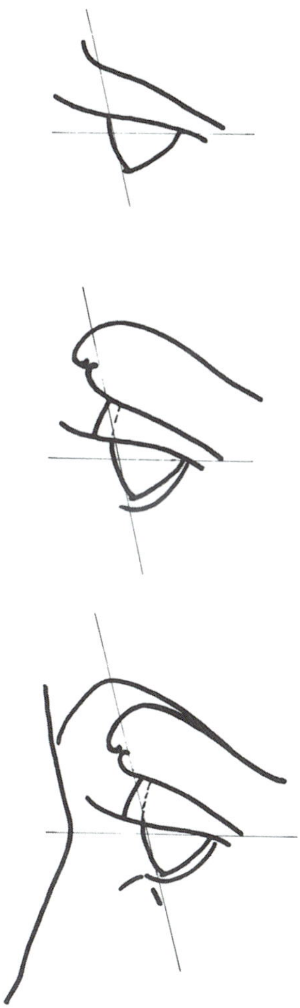

Mund im Profil

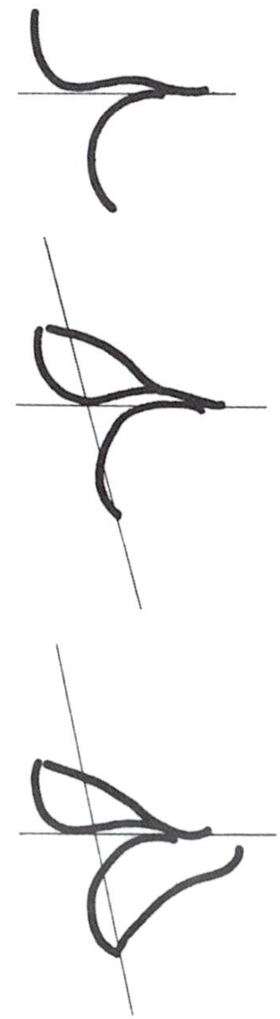

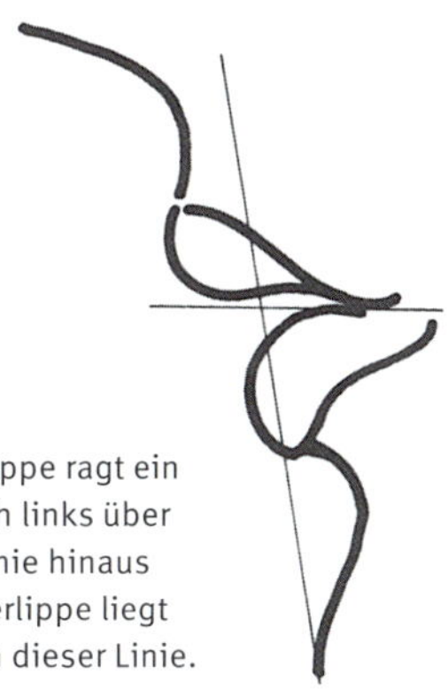

Die Oberlippe ragt ein Stück nach links über die Hilfslinie hinaus – die Unterlippe liegt rechts von dieser Linie.

Augen

Grundaufbau des Auges

Achten Sie darauf, dass ein Auge von vorne gesehen eine völlig andere Form hat als von der Seite.

1 Die Augen liegen eine Augenlänge auseinander.

2 Jedes Auge ist so lang wie die Nase breit.

3 Der Mund reicht von der Mitte des einen Auges bis zur Mitte des anderen.

Je besser Sie die Augen treffen, umso größer wird die Ähnlichkeit des Porträts mit Ihrem Modell. Augen sind aber auch wichtig, um die Stimmung und die Gefühle einer Person auszudrücken. Deshalb lohnt es sich sehr, wenn Sie die folgenden Abbildungen, die Augen von vorne oder von der Seite zeigen, genau studieren und immer wieder nachzeichnen.

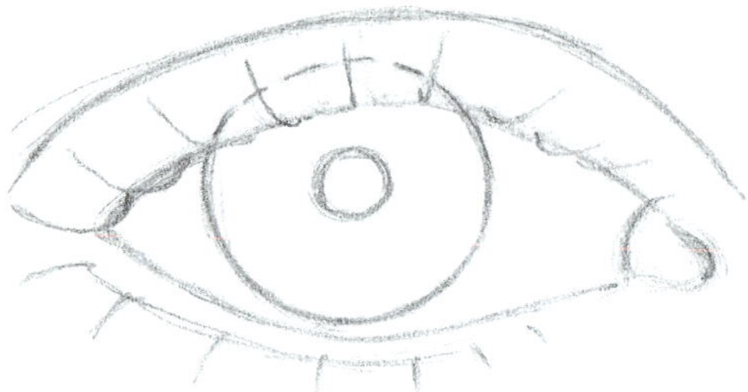

Zuerst den Kreis für die Iris zeichnen; dann das sichelförmige Augenlid darübersetzen. Wussten Sie, dass die Iris nie ganz zu sehen ist, da das Lid immer einen Teil überdeckt? Unterlid, erste Wimpern und den Augenwinkel vorzeichnen.

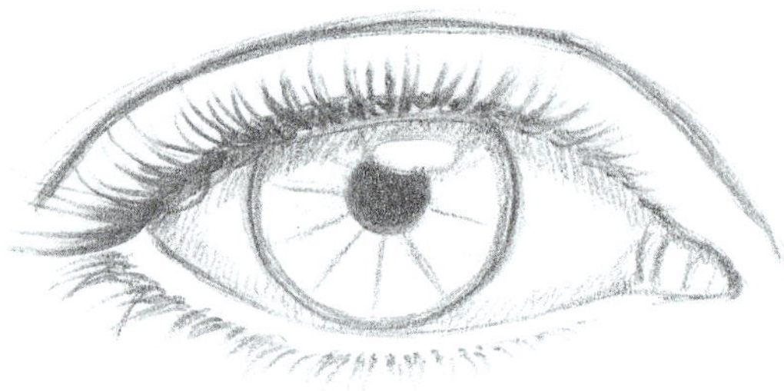

In die Iris zeichnen Sie jetzt Strahlen, die nach außen weisen. Dann folgen die Wimpern, der Schatten, den Oberlid und Wimpern aufs Auge werfen, sowie die schwarze Pupille und der Lichtreflex oben im Auge.

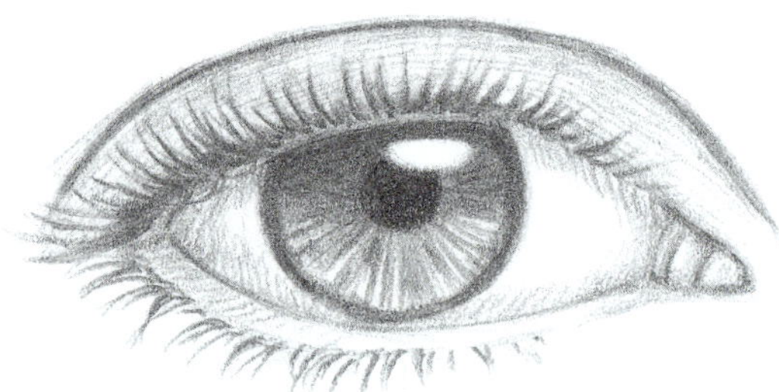

Der Iris mit strahlenförmigen Strichen mehr „Farbe" geben. Ober- und das Unterlid formen Sie mit Schraffuren.

TIPPS

Das Auge ist immer feucht, da seine Oberfläche konstant mit (Tränen-)Flüssigkeit überzogen wird. Deshalb schimmert auf der Hornhaut (E) immer ein weißer Lichtreflex.

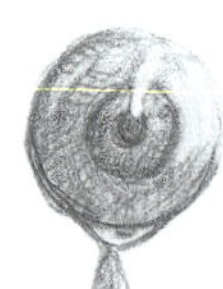

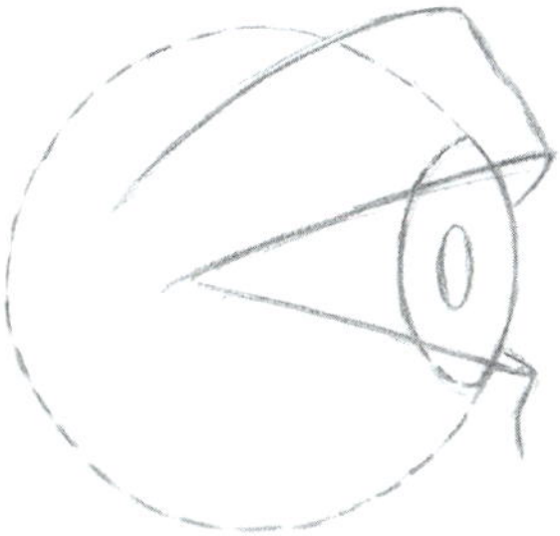

Da das menschliche Auge ein runder Körper ist, zeichnen Sie als Erstes einen gestrichelten Kreis, dann folgen das Ober- und das Unterlid. Von der Seite gesehen, haben Iris und Pupille die Form von Ellipsen, die oben und unten jeweils vom Lid überdeckt sind.

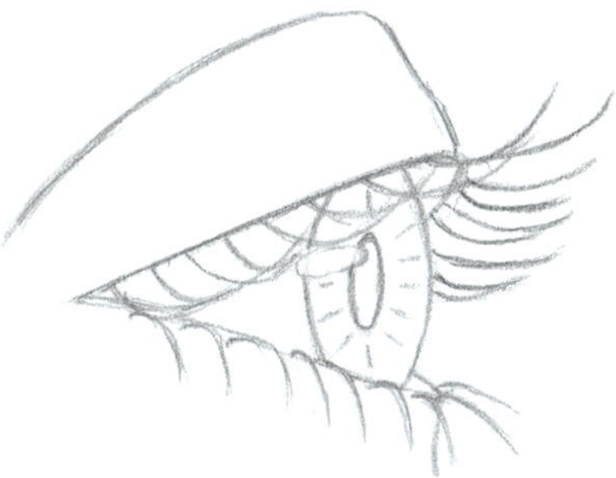

Wimpern zeichnen Sie bei der Seitenansicht vom inneren zum äußeren Augenwinkel mit kraftvollen Bögen. Die Wimpern sind über der Mitte des Auges länger als an den Seiten.

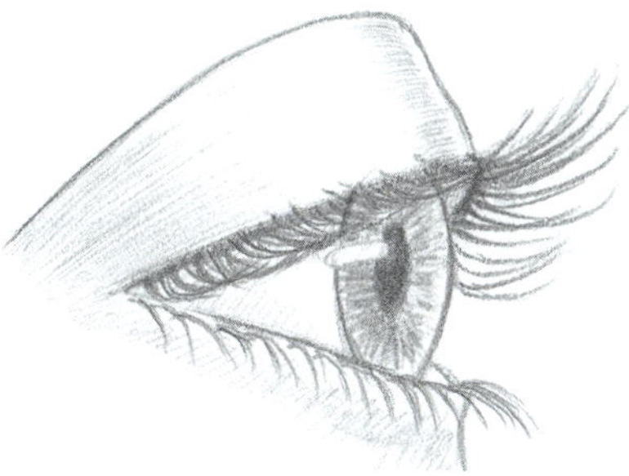

Beim Schraffieren der Lider arbeiten Sie die halbrunde Form heraus. Die Iris wird mit Strichen von innen nach außen „gefärbt“. An den Lichtreflex denken!

Noch mehr Tipps für Sie

Das Weiße im Auge (A) ist der sichtbare Teil des Augapfels. Die Iris (B) ist eine flexible Scheibe, die den Lichteinfall in die Pupille (C) reguliert; ihre Pigmente bestimmen die Augenfarbe. Die Hornhaut (E) liegt über der Iris. Die Form des Augenwinkels (D) bestimmt in hohem Maß, wie ein Auge aussieht.

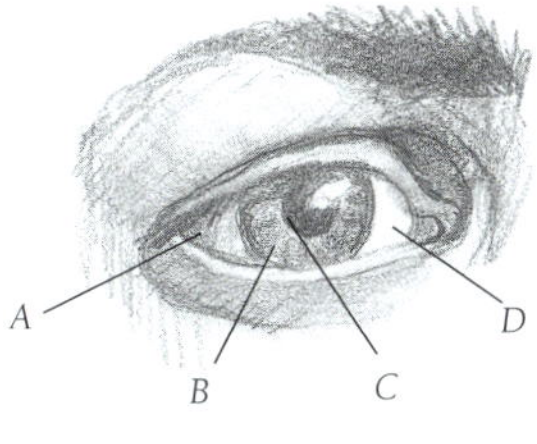

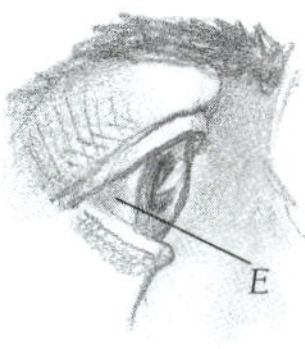

Die Augenpartie

Wenn Sie ein Auge ebenso gut von vorne wie von der Seite zeichnen können, ist es an der Zeit zu üben, wie man ein Augenpaar samt Augenbrauen und Ansatz der Nase so zu Papier bringt, dass die Proportionen stimmen und sich ein klarer Blick auf den Betrachter richtet.

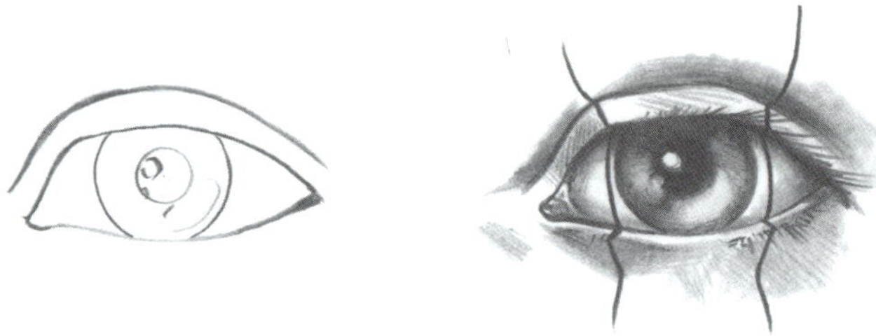

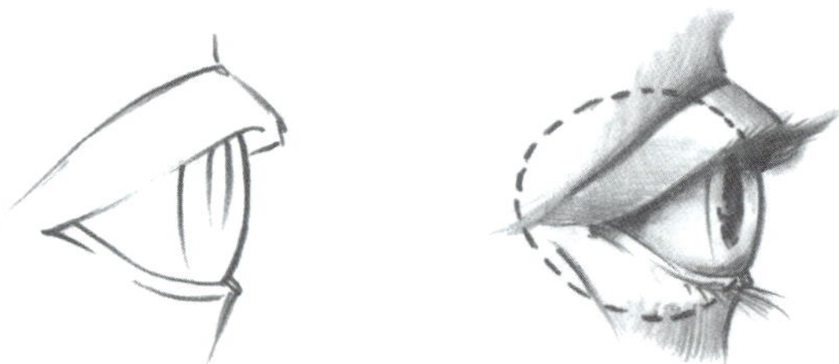

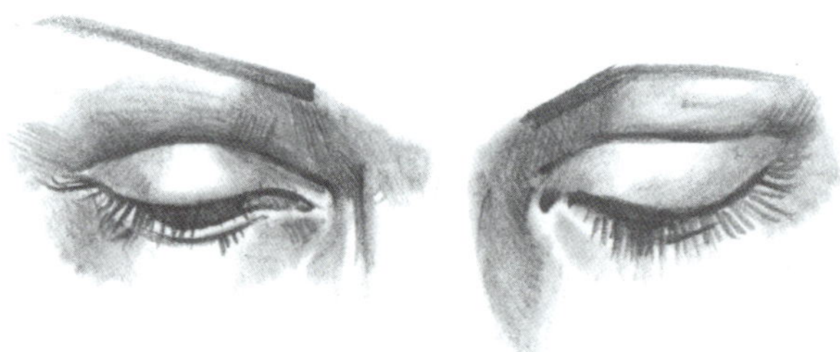

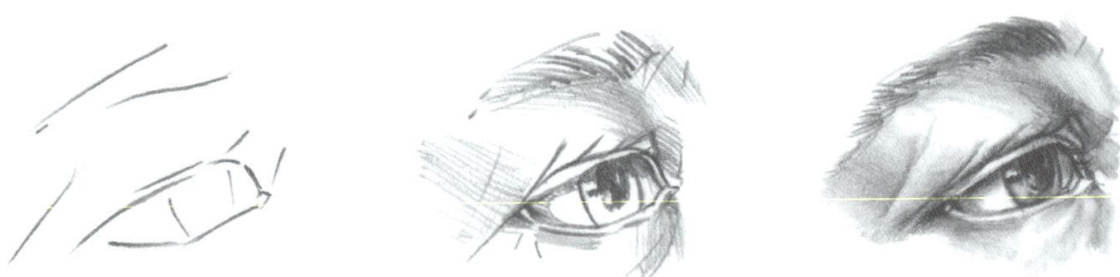

Beim Erwachsenen sind die Augen etwa die Länge eines Auges voneinander entfernt.

Augen sind immer feucht – der Lichtreflex im Auge deutet dies an. An sich sollten Sie diese Stelle beim Schraffieren immer weiß lassen. Wenn Sie sie aus Versehen überzeichnen, radieren Sie den Reflex anschließend wieder aus.

TIPPS

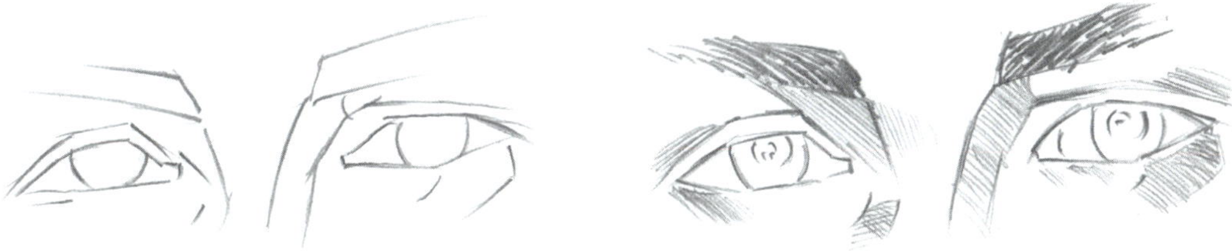

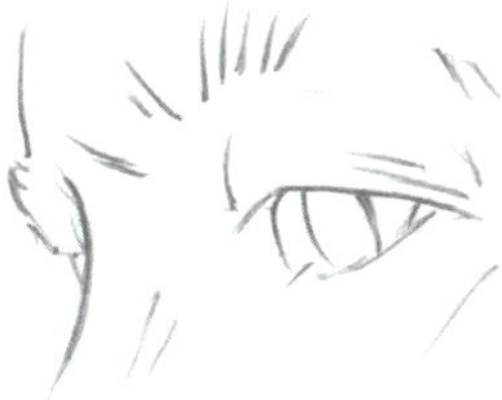

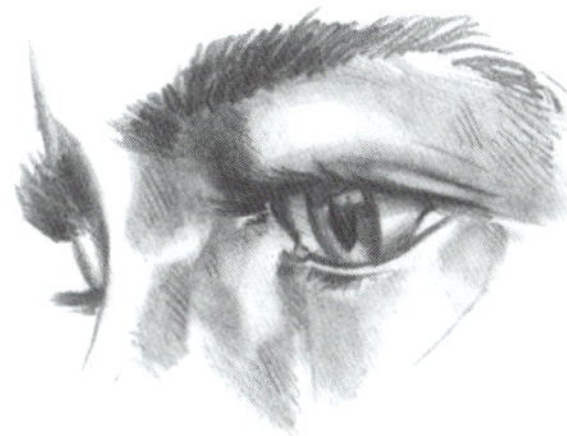

1

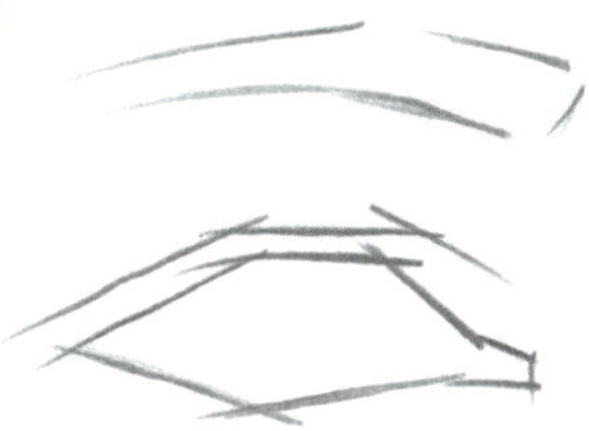

2

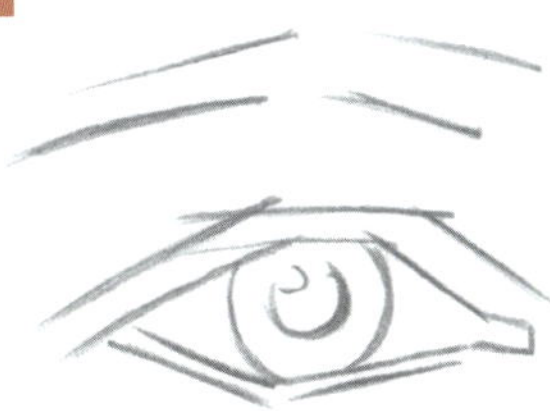

3

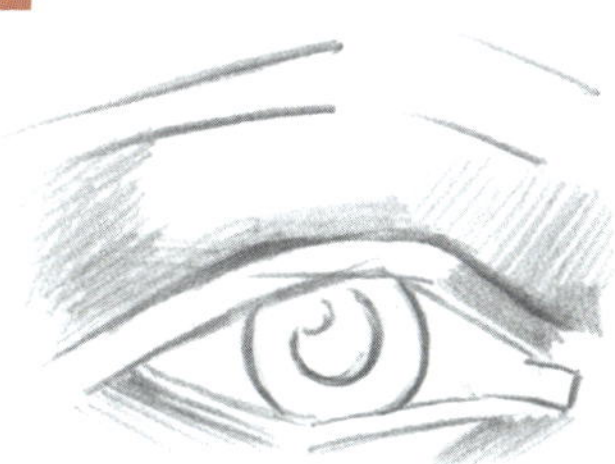

4

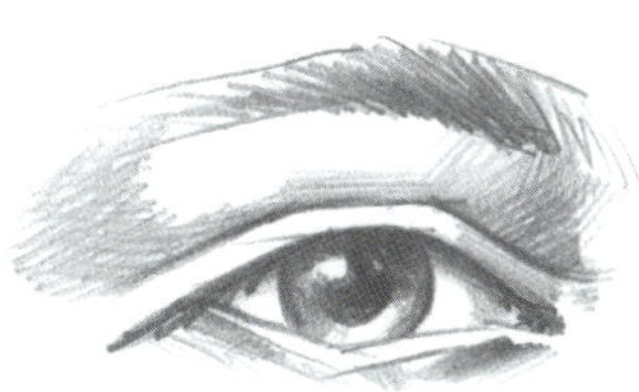

Obwohl Augen ein so wichtiges Element eines jeden Porträts sind, sind sie erstaunlich einfach zu zeichnen – wenn man weiß, wie es geht. Üben Sie den Aufbau, bis Sie ihn sicher beherrschen. Dann können Sie einen Schritt weitergehen und lernen, wie Sie Augen freihand aufbauen.

Blicke

Der wache und aufmerksame Blick ist eines der stärksten Signale, die wir an unsere Mitmenschen senden können. Es ist nicht ganz einfach, ihn darzustellen, ohne dass er stechend und unangenehm wird. Wie Sie diesen Blick einfangen und sich ihm schrittweise nähern können, ist hier in der Zeichnung dargestellt.

Der direkte Blick von vorne

- Sehen Sie, dass in Schritt 1 die Iris zwar kreisrund ganz dargestellt ist, aber nur zum Teil zu sehen ist? Dieser kleine Trick hilft Ihnen, Iris und Pupille, also das Zentrum unseres Blicks, exakt zu positionieren.
- Zeichnen Sie zunächst die Augenbrauen nur in der Lage und in der Kontur richtig ein – sie werden nach und nach feiner ausgearbeitet.
- In Schritt 2 kreisförmige Strahlen in die Iris zeichnen – das verleiht ihr mehr Ausdruckskraft.
- Im letzten Schritt die Nase durch die Schatten der Nase links formen, sowie durch den Schatten im Augenwinkel rechts der Nase.

1

2

3

4

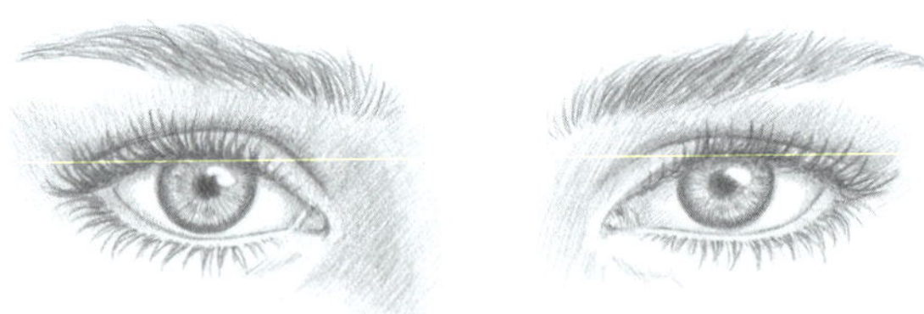

TIPPS

Blicke und Persönlichkeit

Mehrere Elemente zusammen bewirken, dass Augen sehr unterschiedliche Wirkungen haben. Die Augenform, der Schwung der Brauen, die Länge und Form der Wimpern sowie die Fältchen und Falten rund ums Auge sagen dem Betrachter alles über das Alter, das Geschlecht und sogar die Stimmung eines Menschen. Studieren Sie die folgenden Beispiele einmal genau – hier können Sie sehen, wie die einzelnen Elemente eingesetzt wurden, um die Persönlichkeit eines Menschen so einprägsam wie möglich zu zeigen.

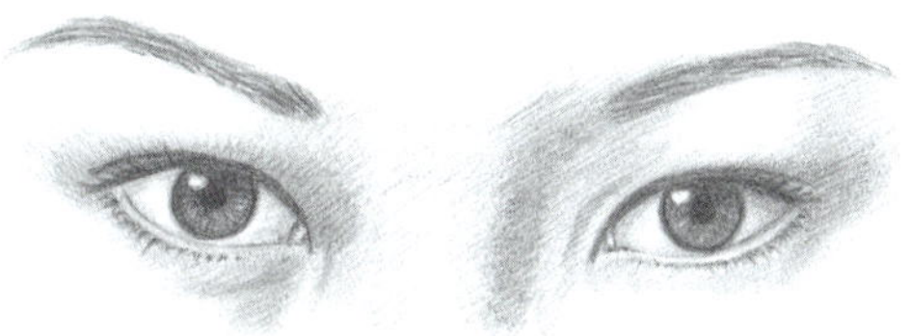

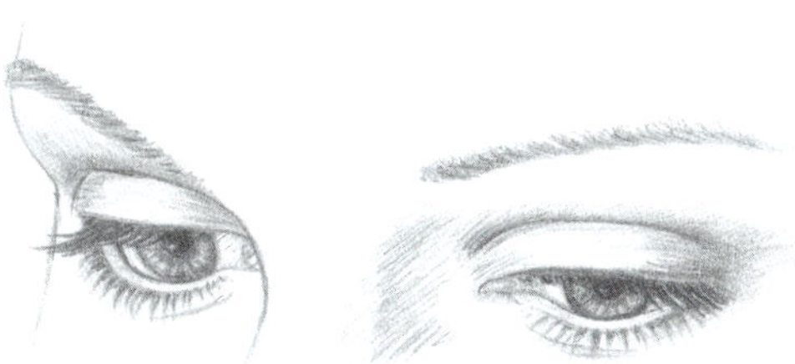

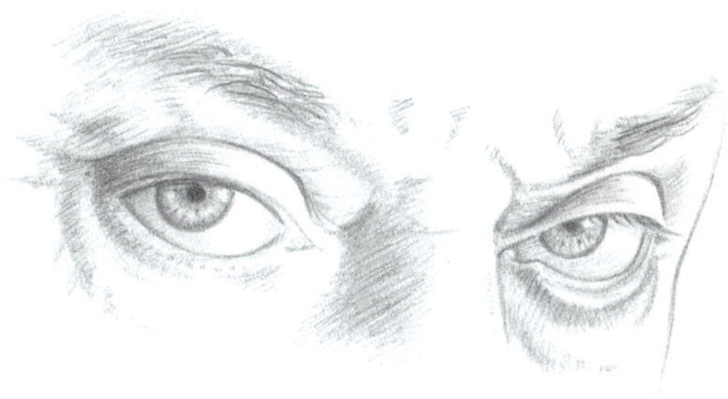

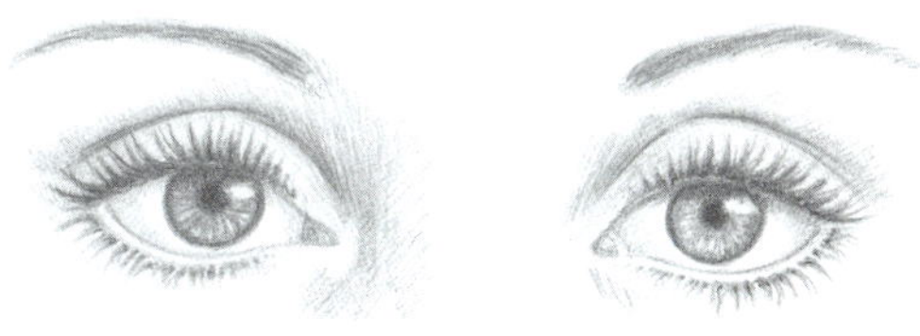

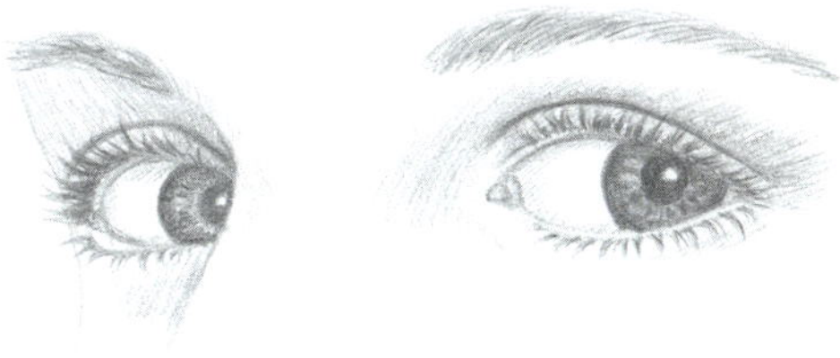

Ohren

Die Ohren stehen nicht senkrecht vom Kopf ab, sondern immer in einem leichten Winkel. Er ist bei jedem Menschen anders und es tut einem Porträt gut, wenn Sie genau darauf achten, den Winkel möglichst richtig wiederzugeben.

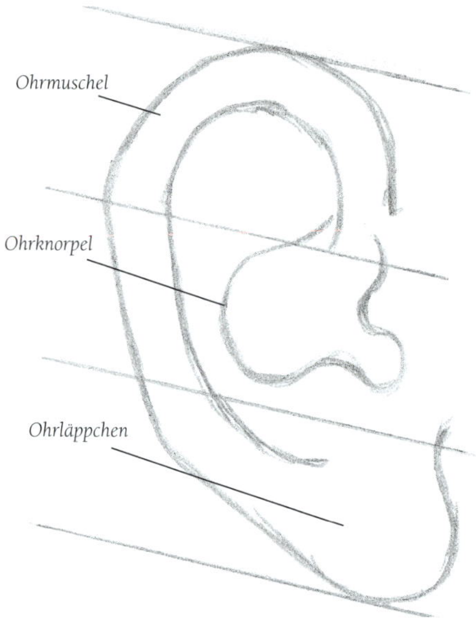

Aufbau

Die Grundform des Ohrs entspricht einem Halbkreis, der aus drei Teilen besteht: Ohrmuschel, Ohrknorpel und Ohrläppchen.

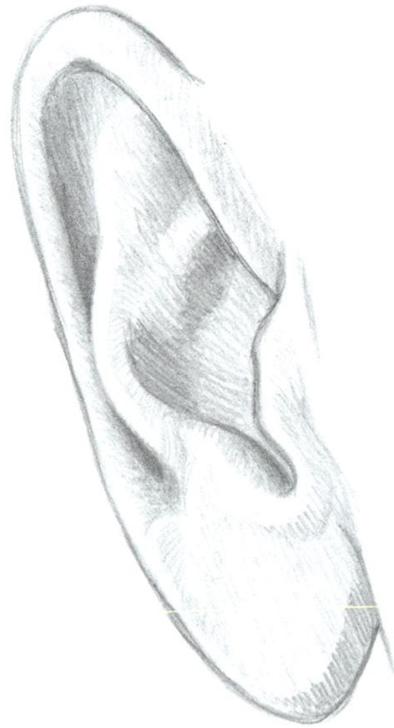

Sitz

Das Ohr sitzt in einem leichten Winkel seitlich am Kopf und ist meist etwa doppelt so lang wie breit.

Ohren sind oft recht unterschiedlich geformt – es gibt Fälle, in denen Menschen ein Segelohr haben, während das andere die herkömmliche Form aufweist.

Achten Sie bei den Ohren auch auf die Form der Ohrläppchen!

TIPPS

Ohren zeichnen

Zeichnen Sie zunächst die Grundform des Ohrs mit seinen drei Teilen vor. Deuten Sie die gerundeten Formen der Ohrmuschel und die Falten durch erste detaillierte Schraffuren an. Schraffieren Sie dann das übrige Ohr sorgfältig fertig.

1

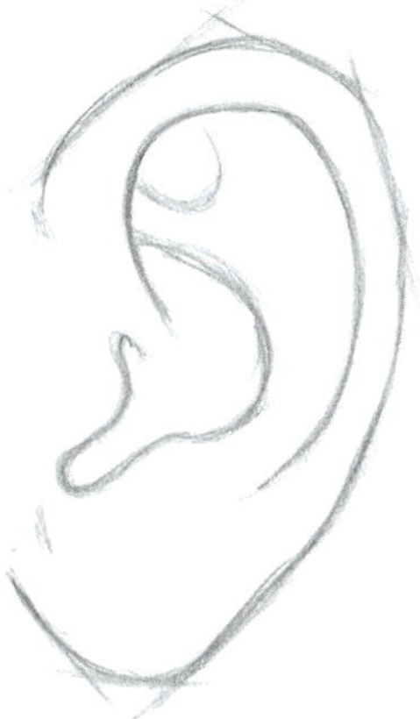

2

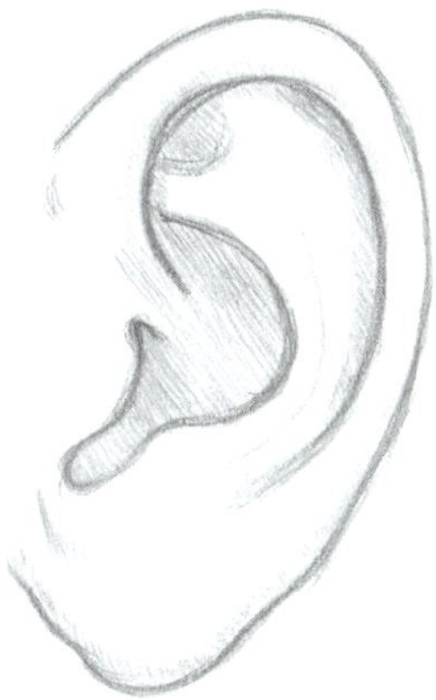

3

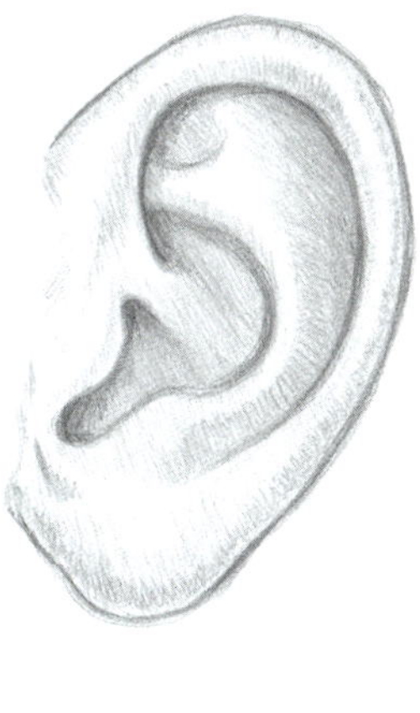

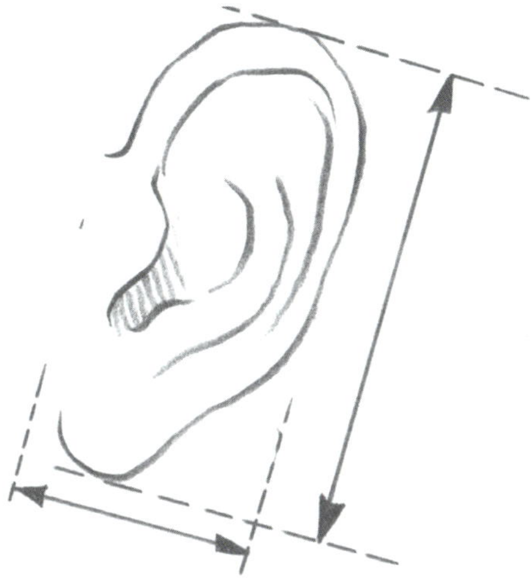

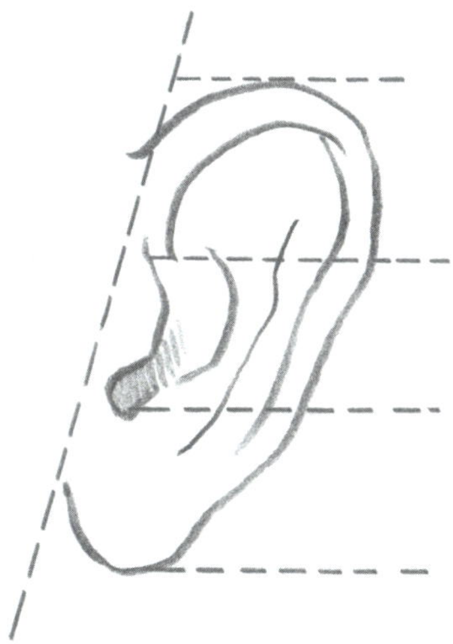

Nase

Achten Sie darauf, dass die Nasenlöcher nur angedeutet sind – wenn sie zu dunkel erscheinen, ziehen sie den Blick des Betrachters auf sich und lenken vom Rest des Gesichts ab.

TIPPS

Nasen haben eine komplexe Form und bestehen aus vier Ebenen, die Sie unten studieren können. Um die Nase einer bestimmten Person richtig darzustellen, zeichnen Sie zunächst genau diese viergeteilte Grundform: zwei Ebenen für den Nasenrücken, je eine Ebene für die Nasenflügel. Bevor Sie mit den Schraffuren beginnen, machen Sie sich bitte ein genaues Bild davon, wie das Licht auf die Nase fällt und wie es sie formt.

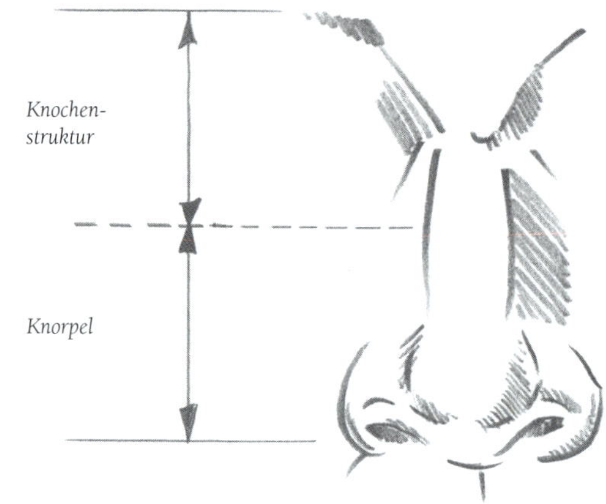

Denken Sie beim Zeichnen daran, dass der obere Teil der Nase auf knöchernen Strukturen aufgebaut ist, während der untere nur aus Knorpelmasse besteht. Die Nasenspitze hat übrigens meist eine kugelförmige Gestalt.

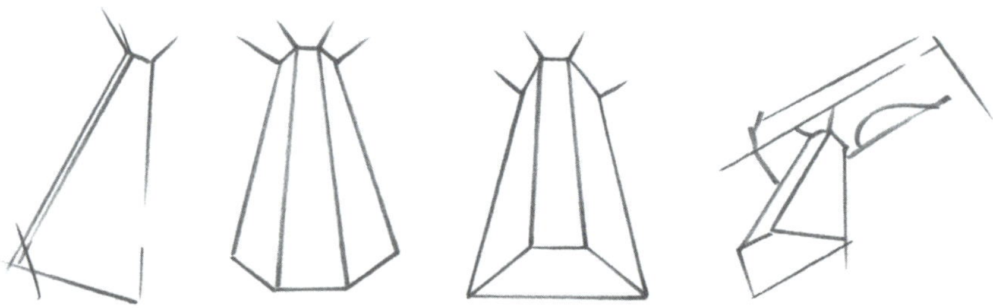

im Profil — von vorne — von oben — Dreiviertelansicht von unten

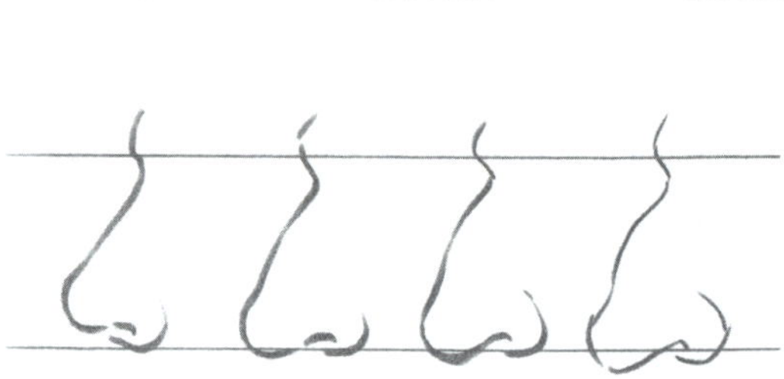

Alterungsprozess einer Nase

In der Abbildung links sehen Sie, dass die Nase immer weiter nach unten sinkt, je älter wir werden. Oft sinkt sogar die Nasenspitze noch nach unten. Sehen Sie die Nase immer gut an und zeichnen Sie sie möglichst genau ab, wenn Sie ein realistisches Porträt anfertigen wollen.

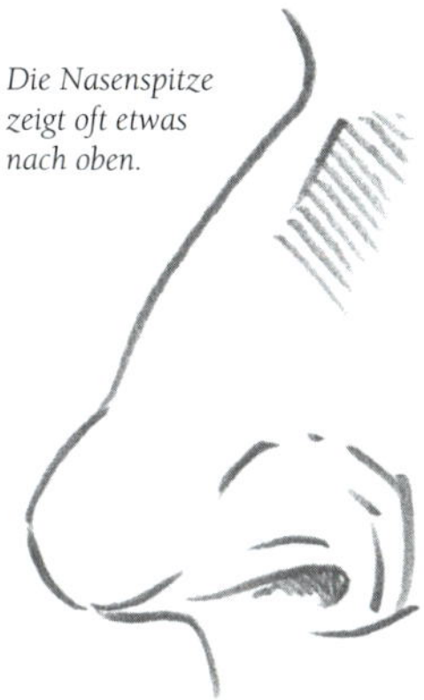

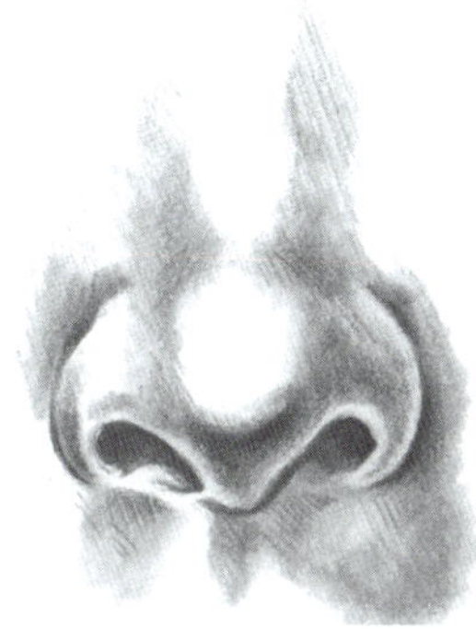

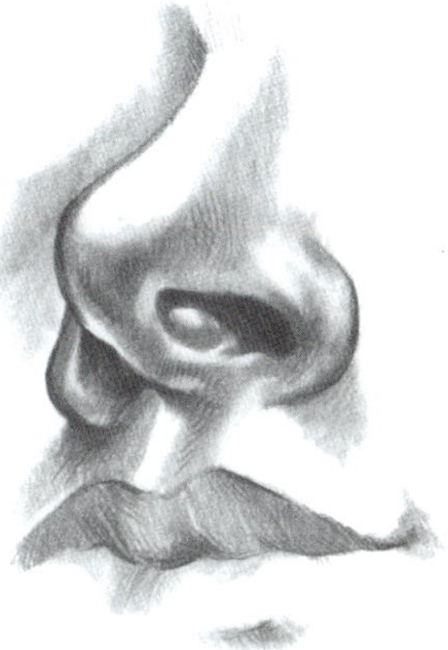

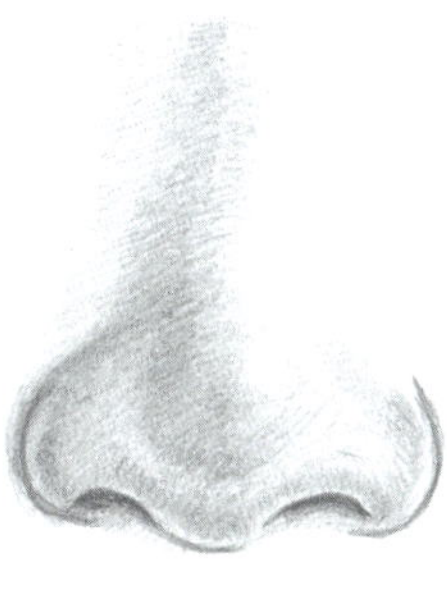

runde Nase

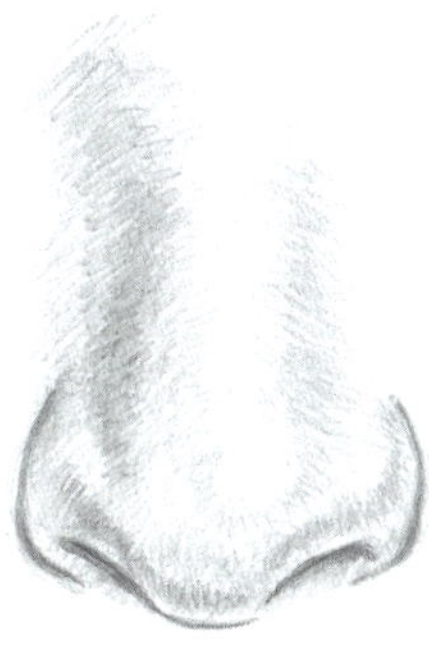

flache Nase

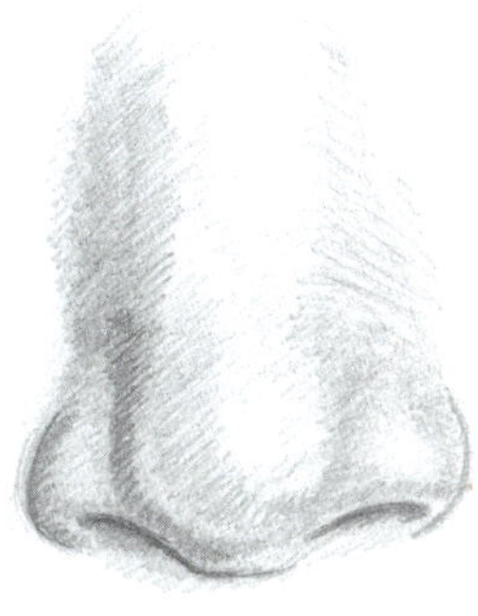

fleischige Nase

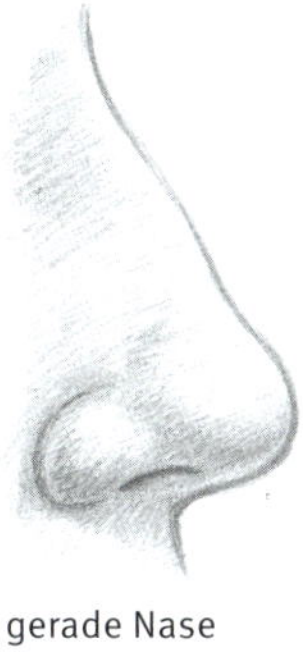

gerade Nase

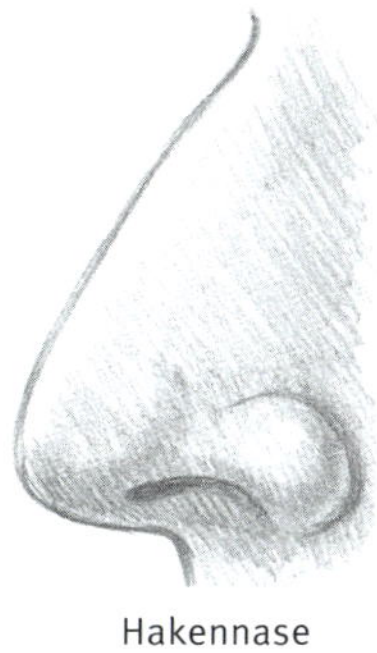

Hakennase

Mund und Lippen

Sehen Sie sich die einfachen Grundformen der Lippen auf dieser Seite an, die freihand gezeichnet wurden und Ihnen die Idee des Grundaufbaus von der Seite vermitteln.

Lippen sind einfach zu zeichnen, wenn Sie ein wenig Übung darin haben, die Grundform zu finden. Mit der Zeit wird es Ihnen immer leichter fallen, die individuelle Mundform des Menschen, den Sie zeichnen, zu erkennen und wiederzugeben.

Für Anfänger ist es am leichtesten, Lippen in drei Schritten zu zeichnen. Bringen Sie zuerst die Grundformen der oberen und der unteren Lippe zu Papier und geben Sie ihnen dann mit gebogenen Linien und Schraffuren nach und nach die gewölbte Form.

TIPPS

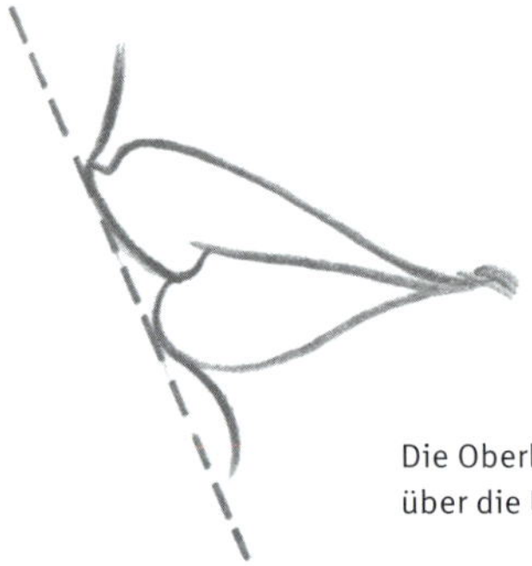

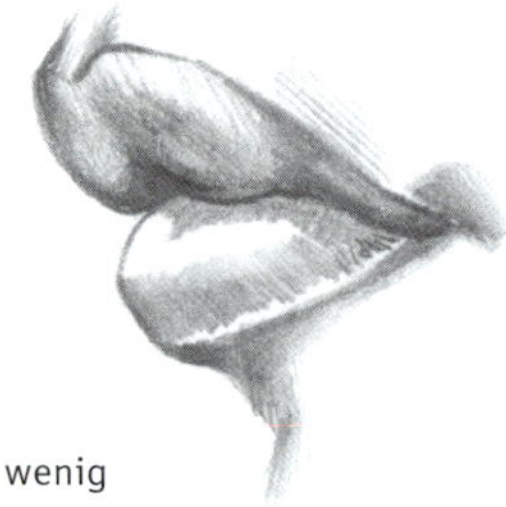

Die Oberlippe steht ein wenig über die Unterlippe über.

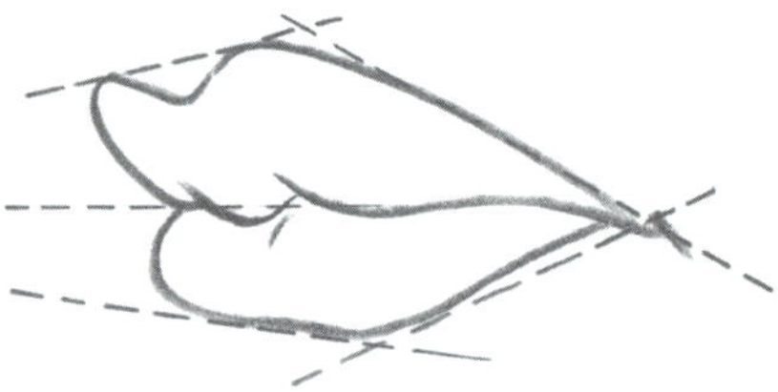

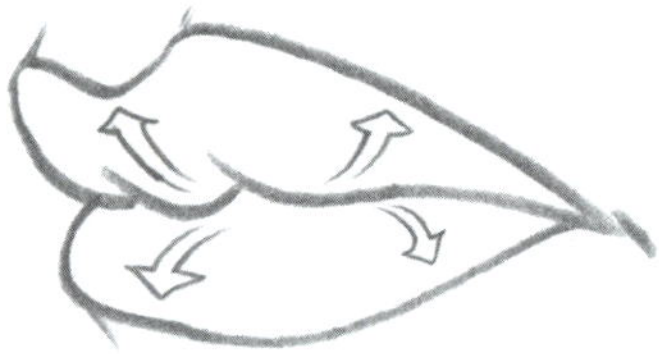

Beim Schraffieren mit gebogenen Linien die Wölbung zeigen.

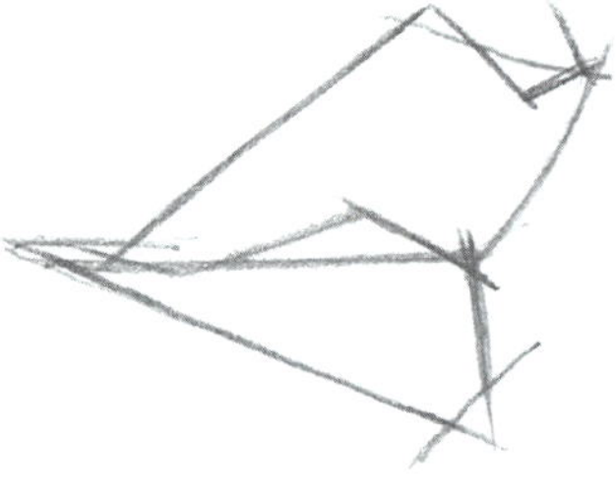

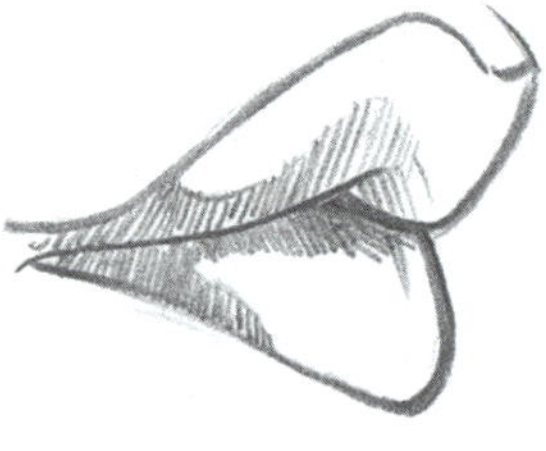

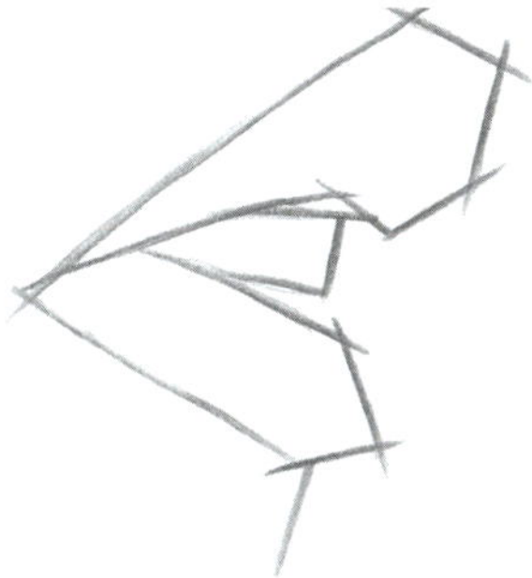

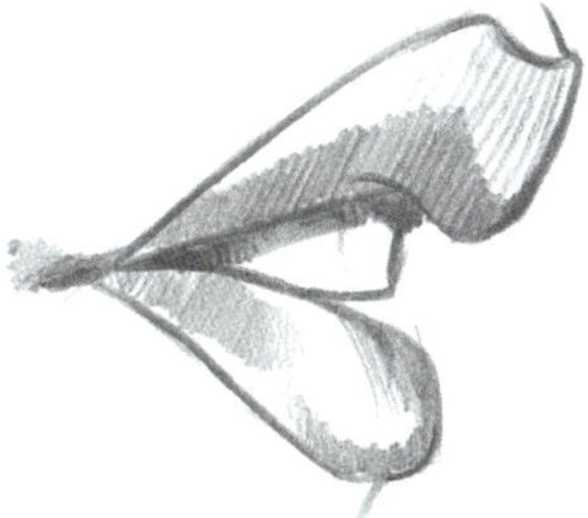

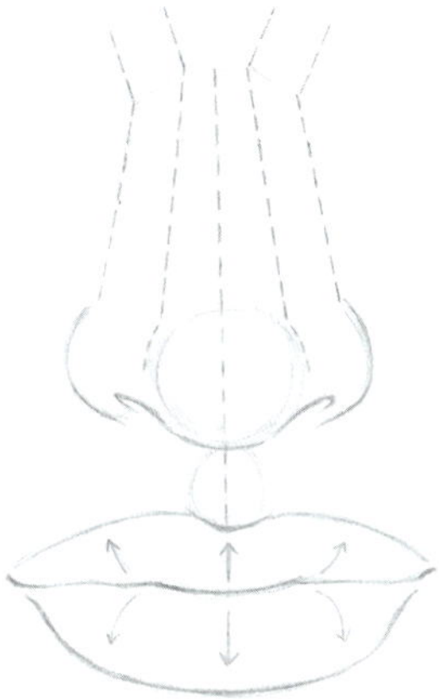

Die Nase deuten Sie mit vier Flächen an und fügen einen Kreis für die Nasenspitze dazu. Dann zeichnen Sie die Bögen der Lippen. Der kleine Kreis zwischen Oberlippe und Nase zeigt die Vertiefung dort an. Sehen Sie die Pfeile auf Ober- und Unterlippe? In dieser Richtung müssen Sie später jeweils schraffieren.

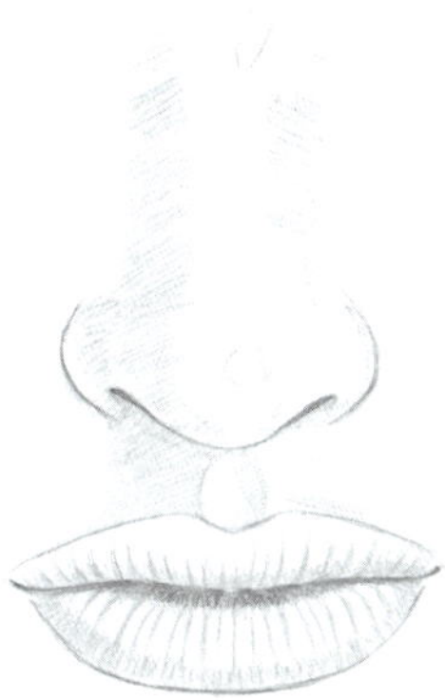

Anschließend setzen Sie links und rechts der Nase Ihre ersten Schraffuren, dann zeichnen Sie die Nasenflügel ein und arbeiten die Vertiefung zwischen Lippe und Nase etwas mehr aus. Schraffieren Sie die Lippen in Pfeilrichtung und zeichnen Sie den Spalt zwischen den Lippen ein. Achten Sie darauf, die richtige Form darzustellen.

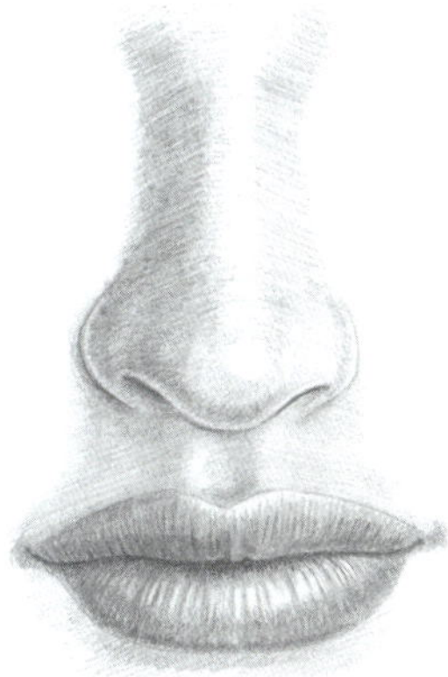

Mit den letzten Schraffuren geben Sie Nase und Mund ihre Formen. Wenn es sich anbietet, fügen Sie noch Lichtreflexe ein. Hier wurden mit einem Knetradiergummi nachträglich unterschiedlich helle Lichtreflexe auf der Oberlippe, an der Nasenspitze und auf dem Nasenrücken angebracht.

Gesicht

Proportionen des Erwachsenen

Damit Sie ein noch besseres Gefühl für die Verteilung der Elemente in einem Gesicht bekommen, hier ein paar weitere Tricks:

1 Die Augen liegen eine Augenlänge auseinander.

2 Jedes Auge ist so lang wie die Nase breit.

3 Der Mund reicht von der Mitte des einen Auges bis zur Mitte des anderen.

TIPPS

Das menschliche Gesicht hat eine gestaltete Oberfläche – ähnlich wie eine Landschaft oder auch ein Apfel. Seine Konturen bestehen aus Licht und Schatten wie bei jedem anderen Objekt auch. Allerdings sind die Konturen von Mensch zu Mensch verschieden. Und so besteht die Kunst des Porträtierens darin, diese Unterschiede zu erkennen und das Gesicht möglichst stimmig und wirklichkeitsnah zu Papier zu bringen – und die Grundlage dafür ist die Kenntnis der Proportionen eines Gesichts.

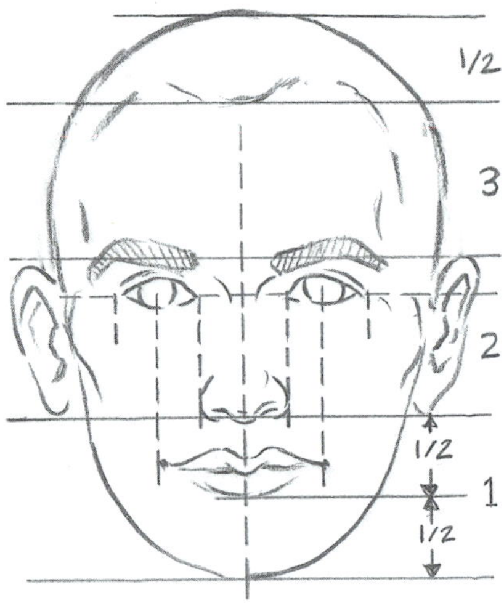

Hier sehen Sie, wie Sie die übrigen Gesichtszüge an der richtigen Stelle platzieren. Prägen Sie sich dieses Grundschema gut ein, ehe Sie mit dem Zeichnen beginnen.

- Die Nase endet in der Mitte zwischen Augenbrauenlinie und Kinn.
- Die Ohren beginnen auf Höhe der Augenbrauen und enden auf Höhe der Nase. Fertigen Sie am besten einige Skizzen aus dem Gedächtnis an.

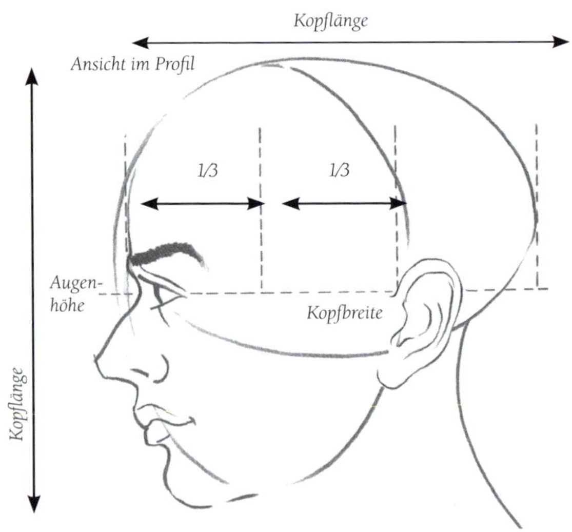

Fast immer entspricht die Breite des Kopfes mit der Nase sehr genau der Höhe des Kopfes – gemessen jeweils an der längsten bzw. breitesten Stelle.

Um das Ohr richtig zu platzieren, teilen Sie den Kopf seitlich in drei gleiche Teile.

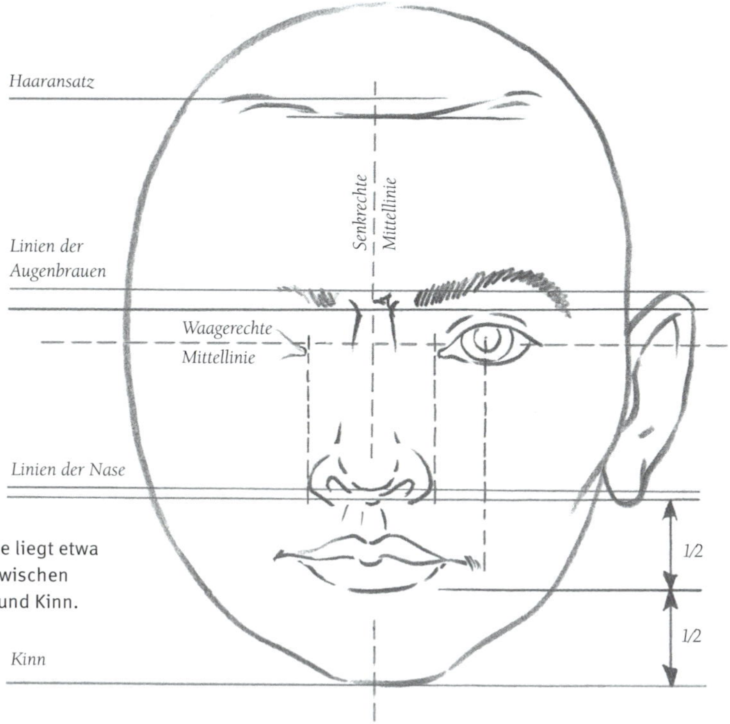

Die Unterlippe liegt etwa in der Mitte zwischen Nasenspitze und Kinn.

Wenn Sie die Proportionen eines Erwachsenen einmal gelernt haben, können Sie im Grunde jedes Gesicht zeichnen. Sehen Sie sich zunächst die Maße der Illustration rechts an und übertragen Sie sie auf ein Blatt Papier. Zunächst zeichnen Sie eine ovale Gesichtsform. Dann teilen Sie sie mit einer waagerechten Linie in zwei Hälften. Bei Erwachsenen sitzen die Augen auf dieser waagerechten Linie.
Dann teilen Sie das Gesicht mit einer senkrechten Linie nochmals – auf dieser Linie liegt die Nase.

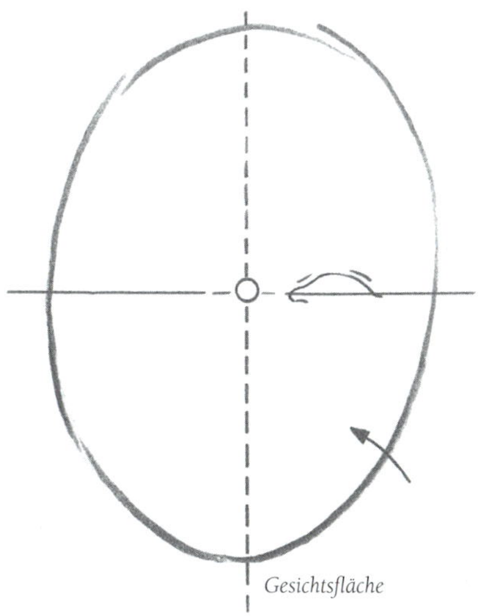

Ein Gesicht erfassen

Bevor Sie sich an ein ganzes Porträt machen, sollten Sie zunächst die einzelnen Merkmale üben, um ein Gefühl für die Formen zu bekommen. Sehen Sie sich Fotos in Zeitschriften und Büchern genau an und zeichnen Sie die unterschiedlichen Nasen, Ohren, Lippen etc.

TIPPS

Die verschiedenen Schemata auf dieser Doppelseite zeigen Ihnen unterschiedliche Maßarten, mit deren Hilfe es Ihnen leichter fällt, die Elemente eines jedes Gesichts exakt an die richtige Stelle zu setzen. Sobald Sie den Bauplan menschlicher Gesichter verinnerlicht haben, ist es ein Leichtes, die individuellen Abweichungen zu erkennen und richtig zu zeichnen – die Grundlage für lebensnahe Porträts!

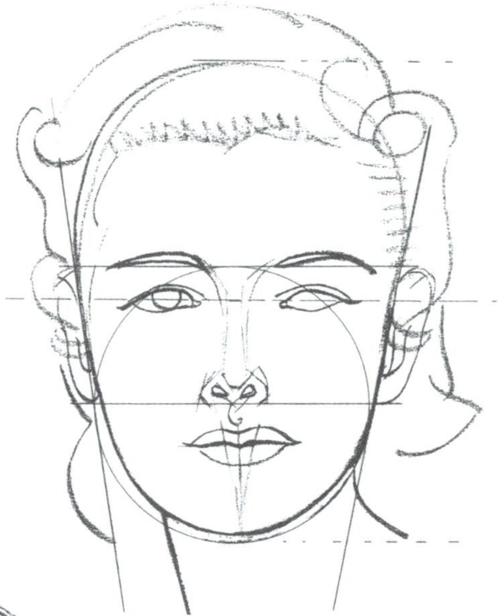

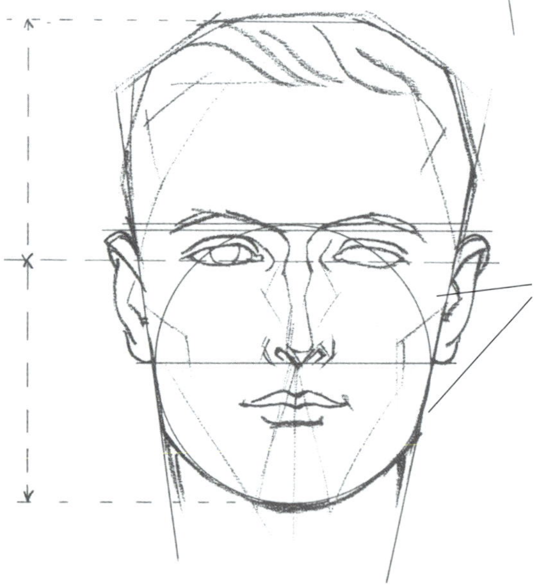

Die Ohren reichen von der Augenbrauenlinie bis zur Nasenspitze.

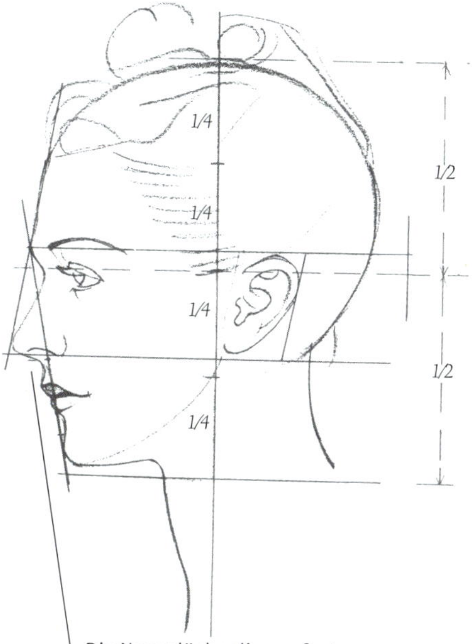

Die Nasenlöcher liegen fast genau in der Mitte zwischen den Augenbrauen und dem Kinn.

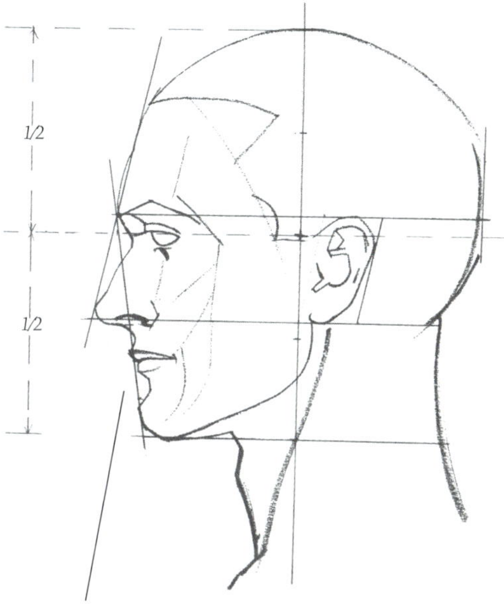

Die Unterlippe liegt etwa in der Mitte zwischen Nasenspitze und Kinn.

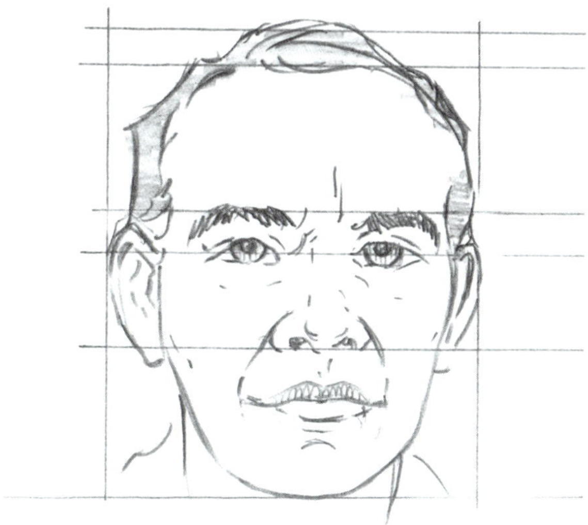

Versuchen Sie einmal dieses Männergesicht möglichst genau nachzuzeichnen. Sie sehen: Die Gesichtszüge eines Menschen weichen im Detail sogar sehr weit von einem idealen Gesicht ab. Haben Sie keine Scheu, richtig hinzusehen und alles genauso abzubilden, wie Sie es sehen.

Das Gesicht von vorne

Wenn Sie ein Porträt zeichnen wollen, das wirklich Ähnlichkeit mit dem Vorbild hat, sollten Sie möglichst alles über das richtige Verhältnis der Gesichtsmerkmale zueinander sowie ihre Größe und Anordnung wissen.

Nur wer die Proportionen eines Gesichts korrekt erfassen kann, wird die Gesichtsmerkmale wie Augen, Nase, Mund, Ohren, Wangen, Kinn usw. richtig wiedergeben können.

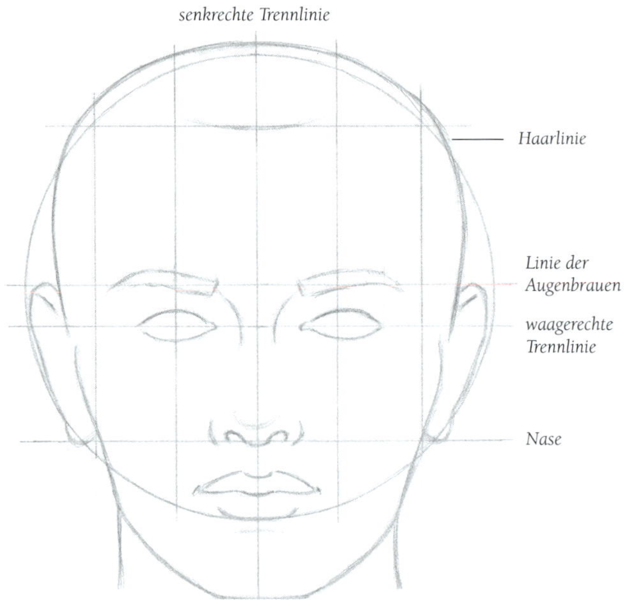

Hilfslinien

Der Kopf ähnelt einem Ball, den man an den Seiten zusammengedrückt hat. Der Ball wird senkrecht und waagerecht halbiert, und das Gesicht lässt sich in drei waagerechte Abschnitte teilen: durch die Haarlinie, die Linie der Augenbrauen und die Linie für die Nase. Mit diesen wenigen Hilfslinien können Sie im Prinzip jedes Gesicht erfassen.

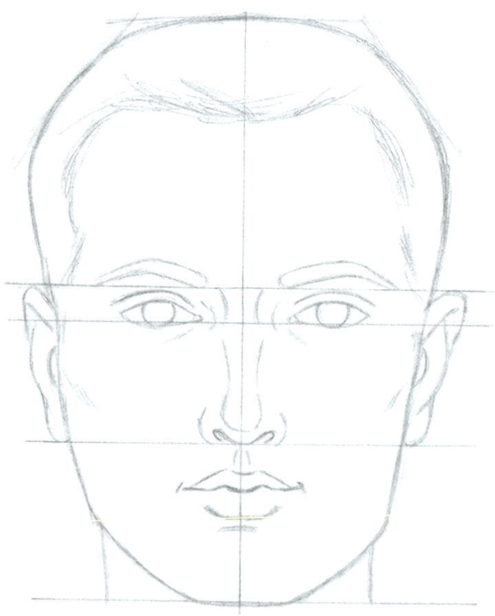

Gesichtsmerkmale

Die Augen liegen genau zwischen der waagerechten Trennlinie und der Linie der Augenbrauen. Die Nasenspitze liegt in der Mitte zwischen der Linie der Augenbrauen und dem Kinn. Die Unterlippe endet in der Mitte zwischen Nase und Kinn. Die Ohren reichen von der Linie der Augenbrauen bis zur Höhe der Nasenspitze.

TIPPS

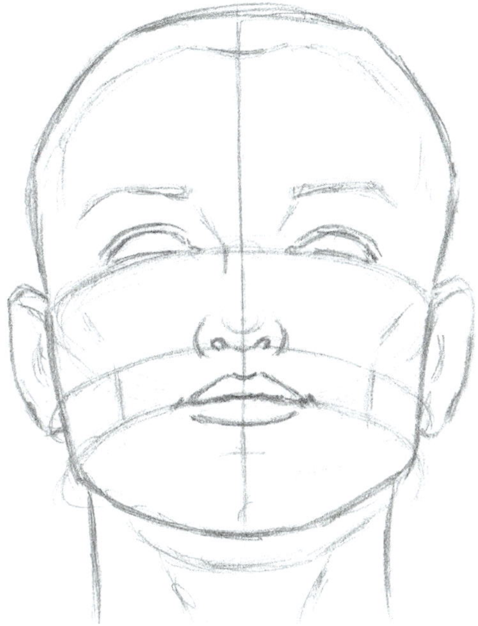

Den Blick heben

Wenn man den Kopf hebt, wandern die waagerechten Hilfslinien als Bögen nach oben. Jetzt sind die Ohren etwas weiter unten, und von den Augen ist das Weiße besser zu sehen.

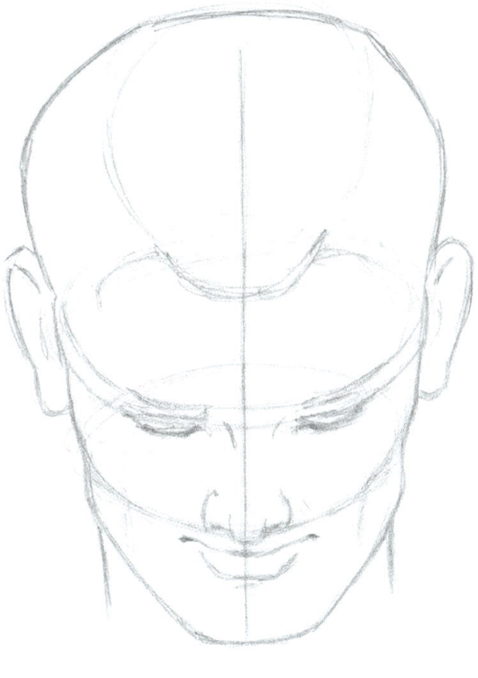

Den Blick senken

Wen man den Kopf senkt, scheinen sich die Augen zu verengen und man kann viel mehr vom Kopf sehen. Die Ohren scheinen fast bis zur Haarlinie nach oben geschoben worden zu sein und werden von der waagerechten Trennlinie „festgehalten“.

Profil und Dreiviertelansicht

Bitten Sie Freunde, sich von Ihnen entweder im Profil oder in der Dreiviertelansicht zeichnen zu lassen. Bestimmt entstehen einige schöne Porträts!

TIPPS

Anfänger im Porträtieren wählen oft ein Profil, weil es leichter zu zeichnen ist und man sich nicht so sehr darum kümmern muss, die Gesichtsmerkmale parallel zu gestalten. Trotzdem müssen beim Profil und vor allem bei der anspruchsvolleren Dreiviertelansicht die Proportionen stimmen.

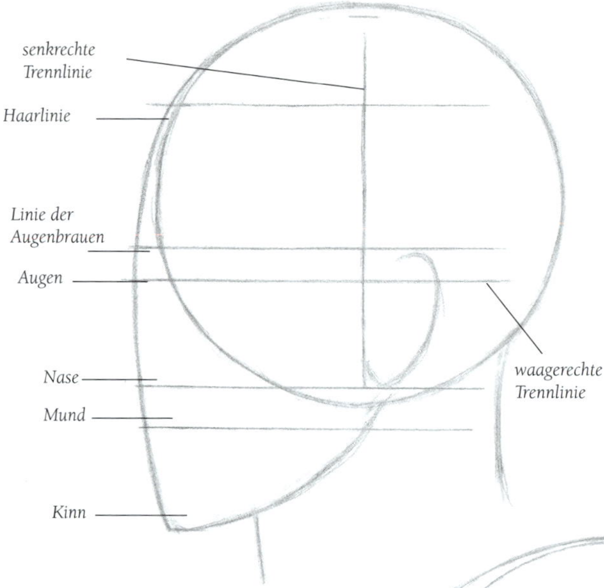

Grundwissen Profil

Zeichnen Sie zunächst mit einem großen Zirkel einen Kreis. Mit zwei gebogenen Linien deuten Sie Gesicht und Kinn an. Platzieren Sie das Ohr gleich hinter der waagerechten Trennlinie.

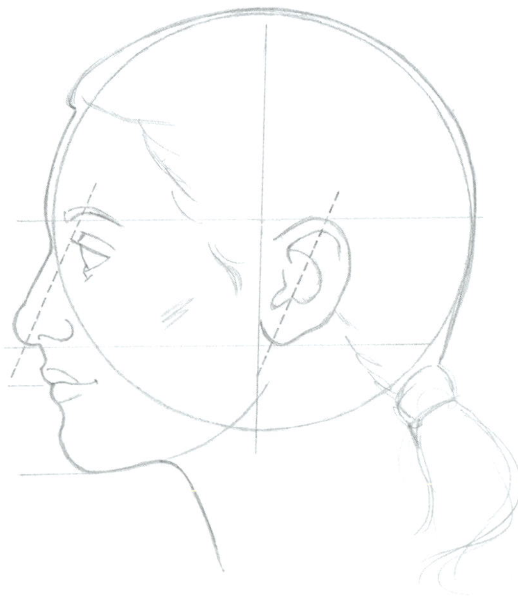

Gesichtselemente einzeichnen

Mithilfe des Zirkelkreises positionieren Sie die Elemente des Gesichts: Nase, Lippen und Kinn befinden sich außerhalb des Kreises, Augen und Ohren darin. Die gestrichelten Linien zeigen, dass Ohr und Nase parallele Hilfslinien haben.

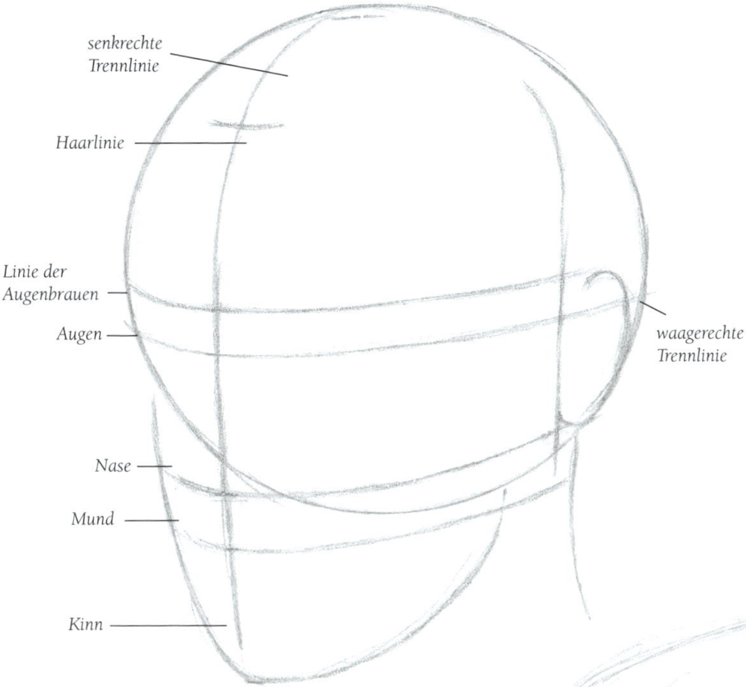

Dreiviertelansicht

Bei einer Dreiviertelansicht kommt die senkrechte Trennlinie ins Spiel. Obwohl man mehr von der linken Gesichtshälfte sieht, ist die rechte zum Teil zu erkennen. Wenn man den Kopf so dreht, muss man die Hilfslinien als Bögen zeichnen.

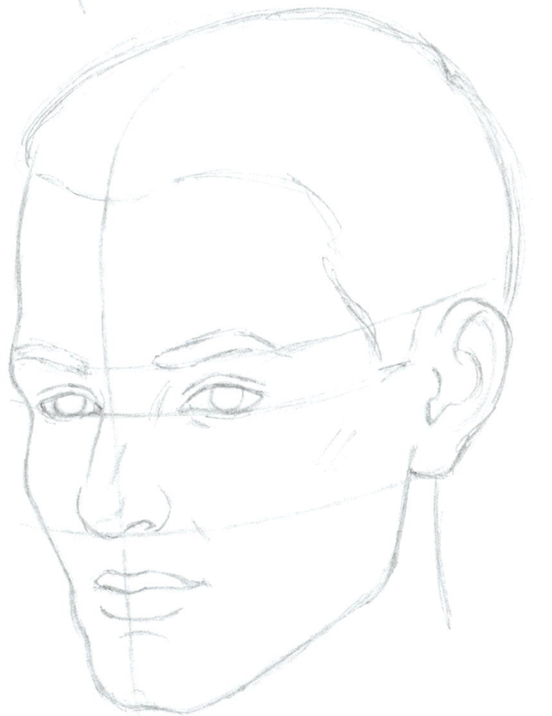

Bei dieser Ansicht erscheint das linke Auge größer als das rechte. Dies ist Teil der sogenannten optischen Verkürzung, einer Technik, mit deren Hilfe Sie die Räumlichkeit eines Motivs erschaffen.

Anatomie des Gesichts

Wer die Anatomie kennt, wird ein Gesicht glaubwürdig und realistisch zeichnen.

Zeichnen Sie mit mutigen, sicheren Strichen, nicht zögerlich!

TIPPS

Obwohl die Struktur der Knochen und die Muskeln, die ein Gesicht in der Tiefe formen, im fertigen Porträt nicht zu sehen sind, bilden sie doch den Halt für das Gesicht: Sie definieren die Kopfform und bestimmen den genauen Sitz von Augen, Mund, Nase und den anderen Gesichtsmerkmalen.

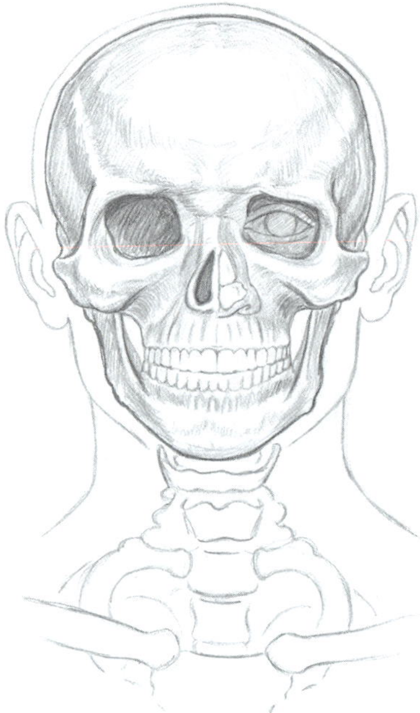

Die Schädelknochen

Man kann sagen, dass unsere Gesichtshaut über die knöcherne Struktur des Schädels gespannt ist. Wenn Sie seine Knochenform mit den Wölbungen und Vertiefungen kennen, wird Ihnen die Struktur des Gesichts klarer.

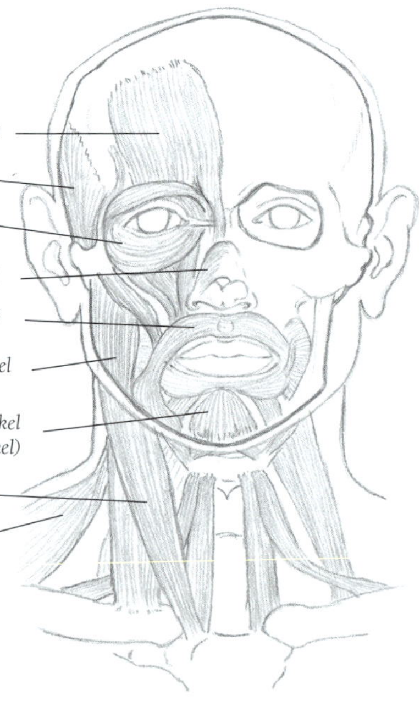

Die Struktur der Gesichtsmuskeln

Für alle Bewegungen im Gesicht ist die Gesichtsmuskulatur verantwortlich. Wenn sie sich zusammenzieht oder dehnt, entstehen die Falten und andere Bewegungen, die wir Mimik nennen.

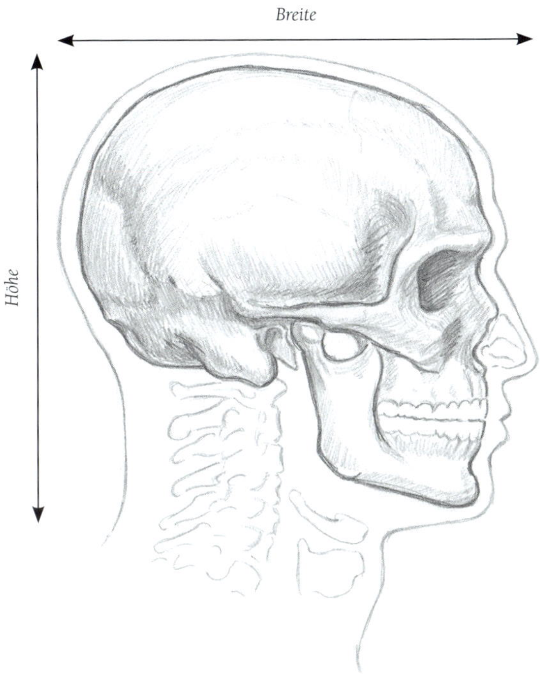

Schädel im Profil

Von der Seite erkennt man, wie groß das Hinterhaupt ist. Sehen Sie, dass der Schädel genauso lang ist wie hoch ist, wenn man den Kiefer mitberücksichtigt?

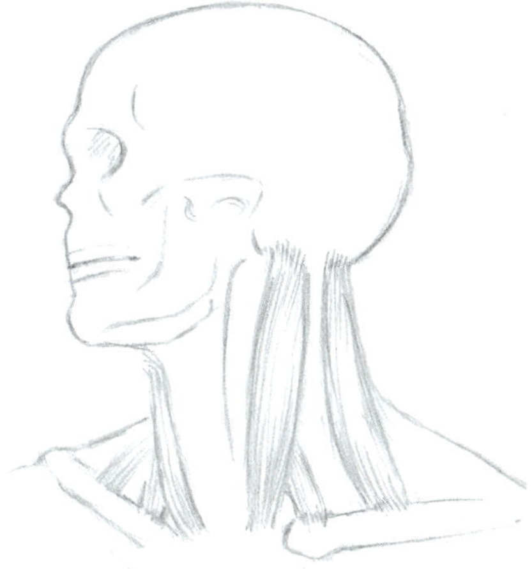

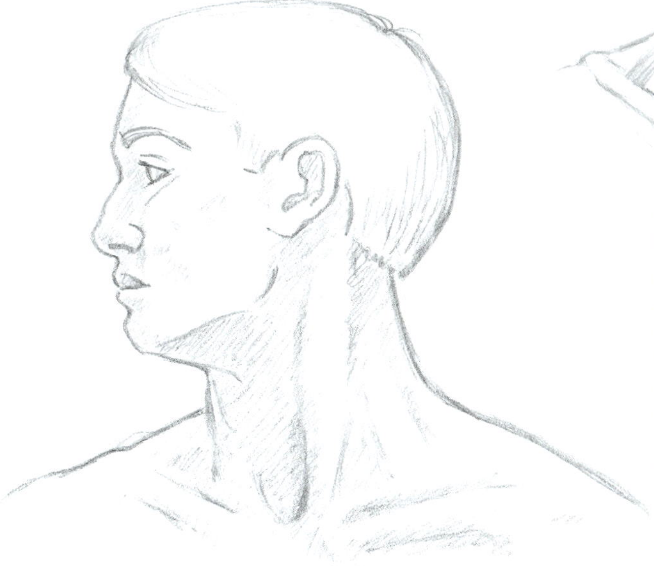

Gesichtsmuskeln im Profil

Wenn man den Kopf dreht, bewegen sich die Halsmuskeln und das Schlüsselbein. Diese Muskeln kann man unter der Haut sehen, wenn sie sich in der Bewegung zusammenziehen oder strecken. Auch das Schlüsselbein ist unter der Haut sichtbar.

Lichtreflexe und Schatten geben einem Objekt seine räumliche Wirkung. Dazu müssen Sie beim Zeichnen zunächst erkennen, woher das Licht kommt, das auf Ihr Objekt fällt.

TIPPS

Gesichtsebenen

Beim Zeichnen von Porträts müssen Sie in der Lage sein, die einzelnen Ebenen eines Gesichts schnell zu erfassen. Sie brauchen diese Elemente beim Schraffieren, um Schatten, Licht und Reflexe richtig zu platzieren.

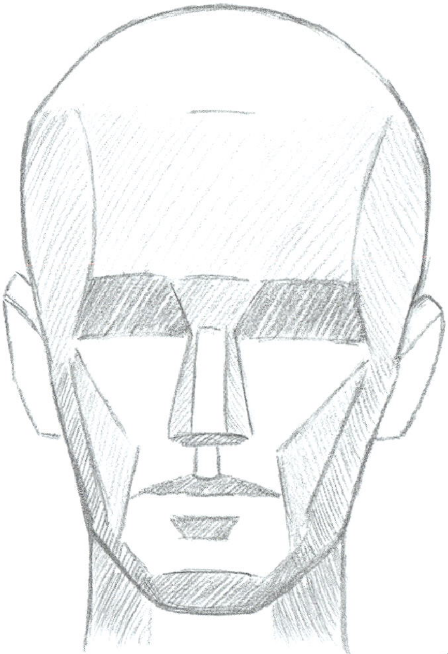

Licht von oben

Wenn Licht von oben aufs Gesicht fällt, werden die vorstehenden Bereiche wie Wangenknochen oder Nasenrücken hervorgehoben. Die Augen dagegen treten unter den Brauen zurück. Auch die Nasenflügel, das Kinn und der Hals liegen im Schatten.

Licht von der Seite

Hier liegen zwar die Augen auch im Schatten, aber die Seite des Gesichts und des Nackens sind jetzt im Hellen. Je weiter die Kopfpartie zum Nacken absinkt, umso dunkler werden die Schatten. Die Seite der Wangen wirkt wie eingesunken, und die Ohren werfen einen Schatten.

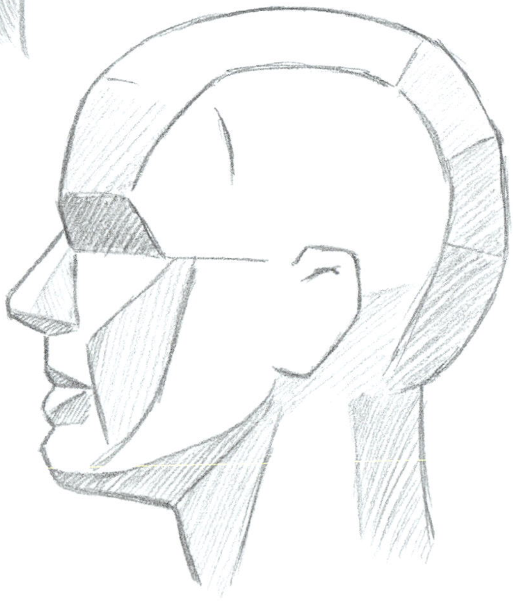

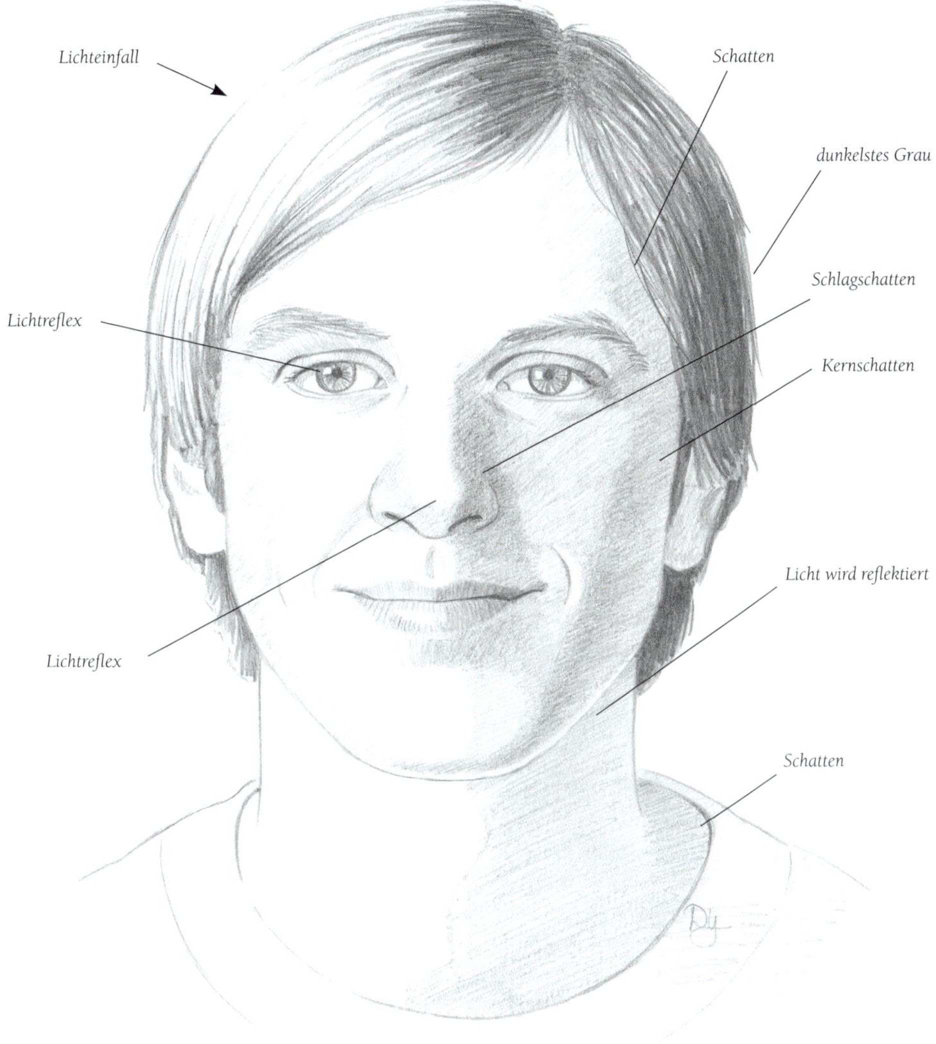

Licht und Schatten

Es bedarf unterschiedlicher Schraffuren, um ein Gesicht mit Grautönen zu modellieren. Die dunkelsten Schatten (oder Kernschatten) entstehen dort, wo Licht bzw. Schatten und Gesichtspartie zusammenwirken. Vorstehende Elemente wie die Nase werfen dagegen Schlagschatten wie die Stelle rechts der Nase. Lichtreflexe erkennt man am besten, wenn sie direkt im Licht liegen. Bei diesem Porträt kommt das Licht von links oben. Deshalb sind das Haar links und die Stirn am hellsten, während alle Gesichtspartien, die gegenüberliegen, wie die linke Gesichtshälfte des jungen Mannes und sein Hals, mehr oder weniger im Schatten liegen und grau erscheinen. Außerdem gibt es eine Reihe von Flächen mit hellen Stellen wie hier das Kinn und die Stelle unter dem linken Auge.

Frau

Gesicht von vorne

Nehmen Sie sich Zeit und Ruhe, um Ihr Modell genau anzusehen, denn ein Detail wie der richtige Abstand der Augen entscheidet darüber, ob Ihre Zeichnung gelingt oder nicht.

TIPPS

Wenn Sie eine Person direkt von vorne zeichnen, müssen die Gesichtszüge möglichst exakt positioniert sein. Bei Darstellungen im Profil ist es leichter, da Sie sich zum Beispiel nicht darum kümmern müssen, dass beide Augen miteinander im richtigen Bezug stehen.

1

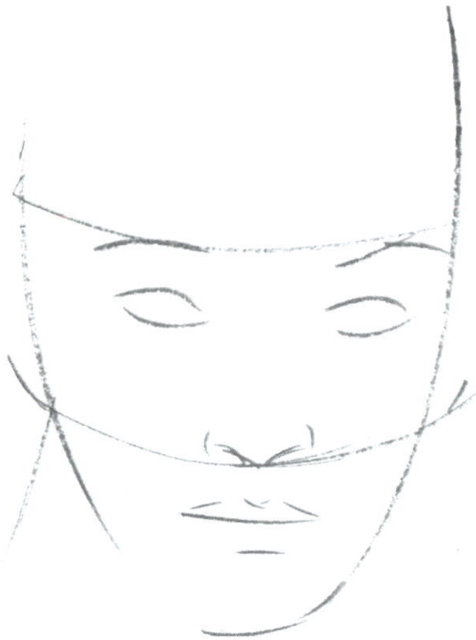

Im ersten Schritt wurden nur wenige Hilfslinien gezeichnet. Sie werden sehen, dass Sie mit zunehmender Erfahrung und Sicherheit sogar mit noch weniger Hilfen auskommen. Trotzdem reichen die beiden geschwungenen Linien bereits aus, um die Gesichtszüge exakt zu positionieren.

2

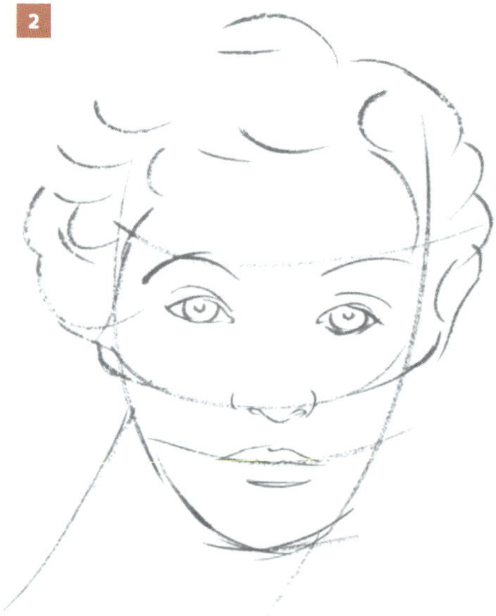

Im zweiten Schritt werden Gesichtszüge und Haar stärker betont und ausgearbeitet. Die Elemente des Gesichts sind nie ganz symmetrisch – in der Regel ist immer ein Auge größer als das andere. Das Porträt erhält durch das Schraffieren von Augen, Nase und Lippen seine Kraft und seinen Ausdruck. Sie können auch die Gesichtsform durch das Hervorheben der Ebenen des Gesichts noch betonen.

3

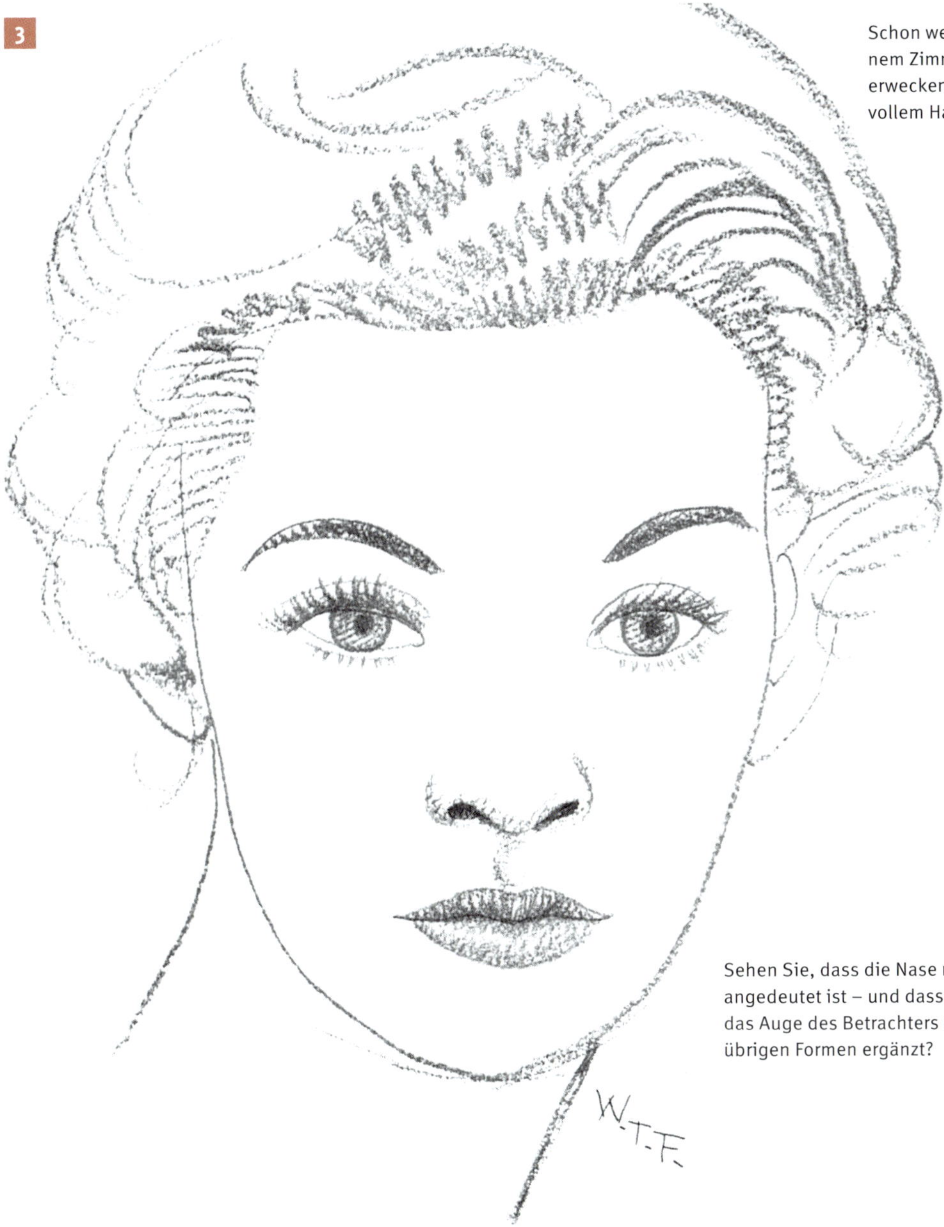

Schon wenige Striche mit einem Zimmermannsbleistift erwecken den Eindruck von vollem Haar.

Sehen Sie, dass die Nase nur angedeutet ist – und dass das Auge des Betrachters die übrigen Formen ergänzt?

Dreiviertelansicht

Die Dreiviertelansicht eines Menschen ist etwas schwieriger zu zeichnen als eine Ansicht von vorne – aber Sie sollten es unbedingt versuchen. Sehen Sie sich Ihr Modell genau an und halten Sie sich an die folgenden Schritte – dann wird Ihr Bild auch gelingen! Zeichnen Sie zunächst die Grundformen des Gesichts vor und setzen Sie dann Hilfslinien wie im Beispiel. Wichtig ist, dass Sie daran denken, dass durch diesen Blickwinkel die Gesichtszüge nicht in der Mitte des Gesichts stehen – so sitzt die Nase genau auf drei Vierteln des Gesichts. Zeichnen Sie das Profil der Nase bis zur Wurzel und schneiden Sie das linke Auge etwas an.

1

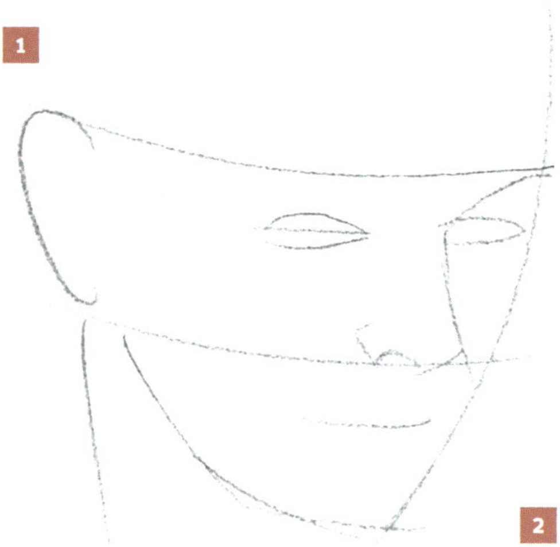

2

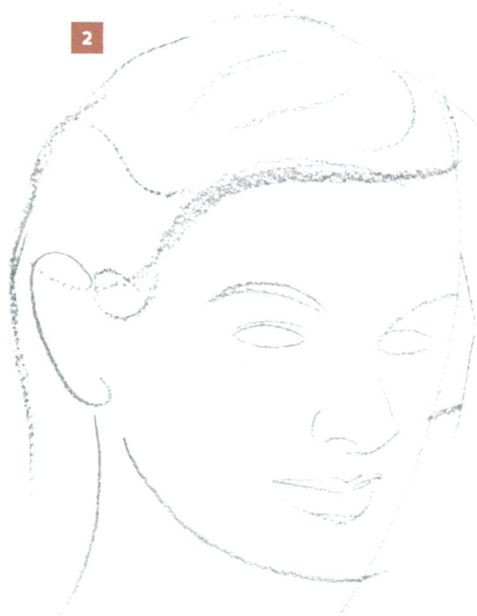

Beim Skizzieren der Haare hilft es, das Haar als eine Masse mit geschwungener Linie aufzufassen. Sie können einzelne Haare später immer noch hervorheben.

TIPPS

Überprüfen Sie beim Arbeiten immer wieder, ob die Proportionen und Winkel stimmen. Erst wenn Sie die Vorzeichnung gelungen finden, sollten Sie mit dem Ausarbeiten der einzelnen Elemente beginnen: Fügen Sie einige Schraffuren hinzu – entscheiden Sie selbst, wie viel oder wie wenig Sie zeichnen wollen; manchmal ist weniger mehr ...

3

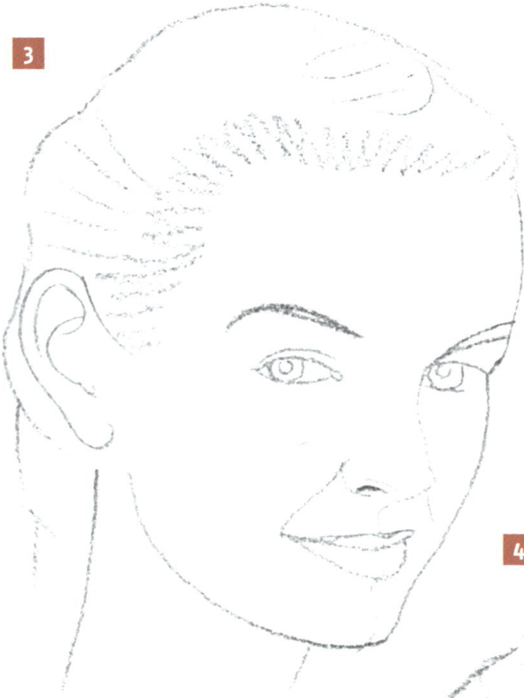

4

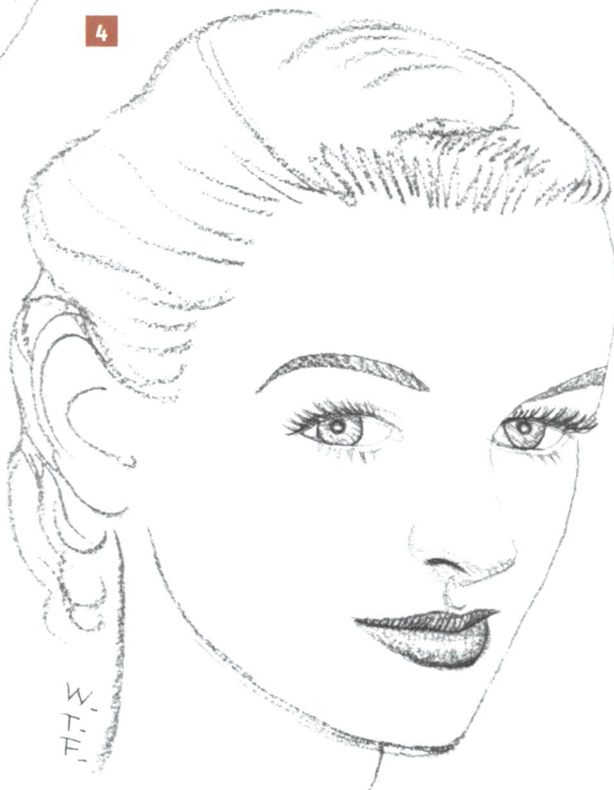

Halten Sie diese Dreiviertelansicht technisch möglichst einfach. Sie müssen sich zum Beispiel nicht dem Haar widmen. Wichtiger ist es zu lernen, wie man Gesichter zeichnet – das Haar kommt später.

15 MIN

Frontansicht einer Frau

Wenn Ihnen das Zeichnen von Porträts Freude macht, sollten Sie nach den ersten Anfängen dazu übergehen, Menschen nach einem Foto zu zeichnen. Am besten sind Schwarz-Weiß-Fotos geeignet, denn hier können Sie die Grautöne in aller Ruhe studieren und in Ihr Bild übertragen.

1

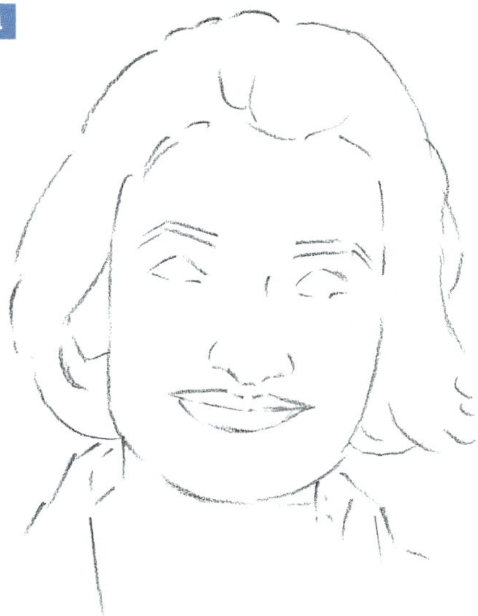

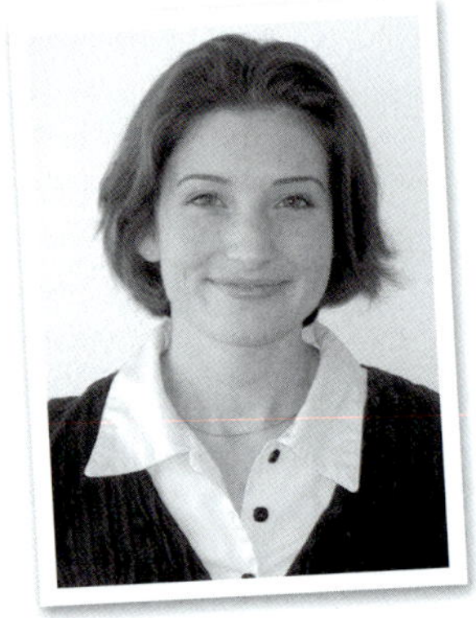

Nehmen Sie einen gespitzten Kohlestift und zeichnen Sie die ersten Umrisse von Kopf, Haar und Kragen mit leichten Strichen ein. (Für dieses Porträt eignet sich Kohle besonders gut, da Sie mit ihr auch feinste Grautöne leicht darstellen können.) Zum Schluss folgen die Gesichtszüge.

2

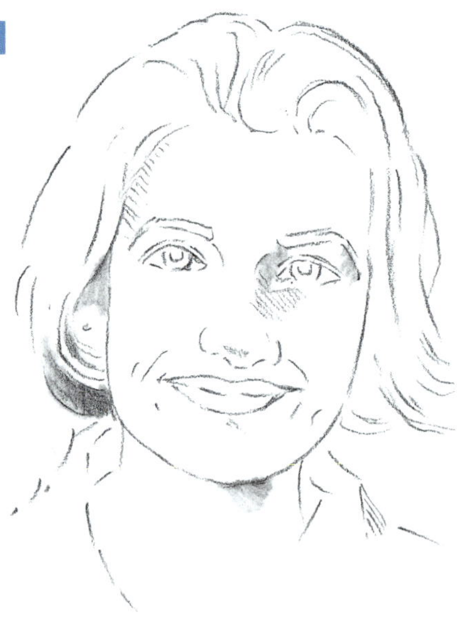

Mit der Arbeit am Gesicht geht es weiter: Sie zeichnen Iris und Pupille ein sowie die Lachfältchen. Jetzt ziehen Sie das Foto am besten nochmals zu Rate, damit Sie alle Feinheiten des Gesichts gut treffen. Dann folgen erste Schraffuren.

TIPPS

Auf dem Foto kommen die feinen Gesichtszüge, die zarte Haut und die strahlenden Augen sehr schön zur Geltung.

Achten Sie aber auch auf die individuellen Besonderheiten wie den leicht schiefen Mund, die Lachfältchen, die ziemlich weit auseinanderstehenden Augen und darauf, dass man die Nasenlöcher kaum sehen kann. Auf solche Details kommt es an, wenn Sie ein Porträt wirklichkeitsnah gestalten möchten.

3

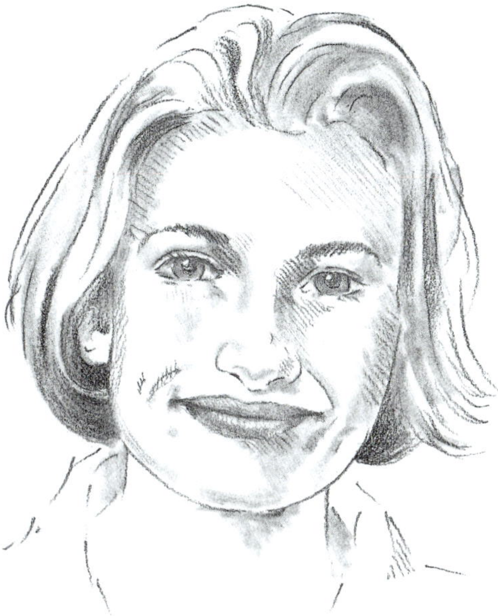

Nehmen Sie nun die Seite des Kohlestiftes und zeichnen Sie mit seiner Hilfe die Gesichtsebenen ein. Mit dem Knetradiergummi radieren Sie dann die Lichtreflexe im Auge heraus. Für die dichten Haarpartien nehmen Sie am besten ein Stück Kohle.

4

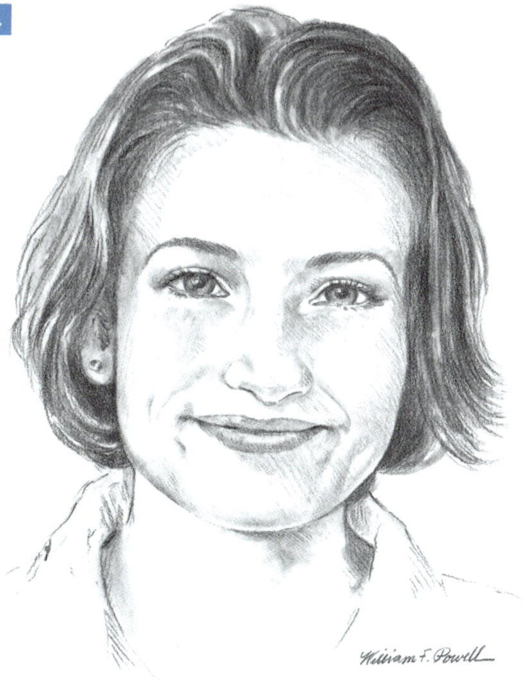

Arbeiten Sie weiter behutsam mit Kohlestift und Kohle am Gesicht. Für besonders feine Übergänge verwischen Sie die Farbe behutsam mit dem Finger oder mit einem Papierwischer. Überschüssige Kohle nie mit einem Tuch abreiben, sonst verschmiert das Bild.

Junge Frau mit Lockenkopf

Auffallend an dieser Frau ist ihr prachtvolles Haar. Und da Haare eines der wichtigsten Merkmale eines Menschen sind, sollten Sie die verschiedenen Haartypen und Frisuren gut darstellen können. Doch keine Angst: Sie müssen nie jedes Haar einzeln zeichnen! Viel wichtiger ist es, den Gesamteindruck zu treffen, da das Auge des Betrachters den Rest automatisch ergänzt.

1

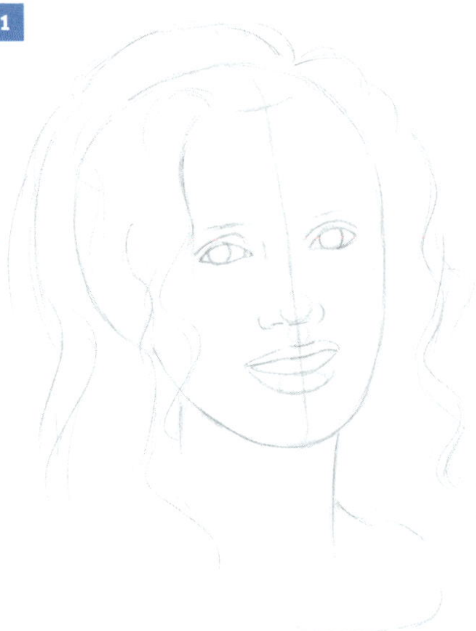

Mit einem Bleistift in Härte HB Kopfform und Gesicht vorzeichnen. Dann mit lockeren Linien den Umriss der Haare festlegen und die ersten Locken links in der Wuchsrichtung zeichnen. Machen Sie sich noch keine Gedanken über die einzelnen Locken. Es reicht, wenn im Moment der Umriss stimmt.

2

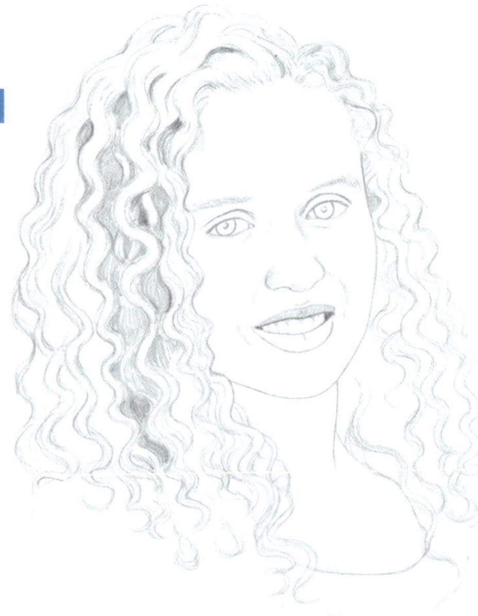

Mit einem Bleistift Härte 2B gestalten Sie die ersten Details an Augen, Augenbrauen, Nase und Mund. Dann folgt zunächst der Ansatz des Shirts, der die Körperform widergibt. Wenden Sie sich nun wieder dem Haar zu: Zeichnen Sie – von oben nach unten der Wuchsrichtung folgend – die ersten Locken ein. Zuletzt schraffieren Sie die untere Partie der Haare, damit die Frisur Fülle und Volumen bekommt.

15 MIN

Locken zeichnen

1 Zeichnen Sie mit S-förmigen Linien die Form der Locke vor. Wichtig ist, dass diese nicht gleichförmig aussehen, sondern wie in der Wirklichkeit einmal dicker, einmal dünner und unterschiedlich stark geringelt sind.

2 So erhalten die Locken Volumen: Die Augen zukneifen, dann werden die helleren und die dunkleren Stellen besser sichtbar. Oben am Ansatz die Locken heller halten – je weiter sie sich nach unten ringeln, desto dunkler werden sie.

3 Die dunkleren Grautöne entstehen mit vielen eng gesetzten Schraffuren.

4 Achten Sie darauf, dass diese natürlich aussehen und die Linien nicht plötzlich die Richtung wechseln.

TIPPS

3

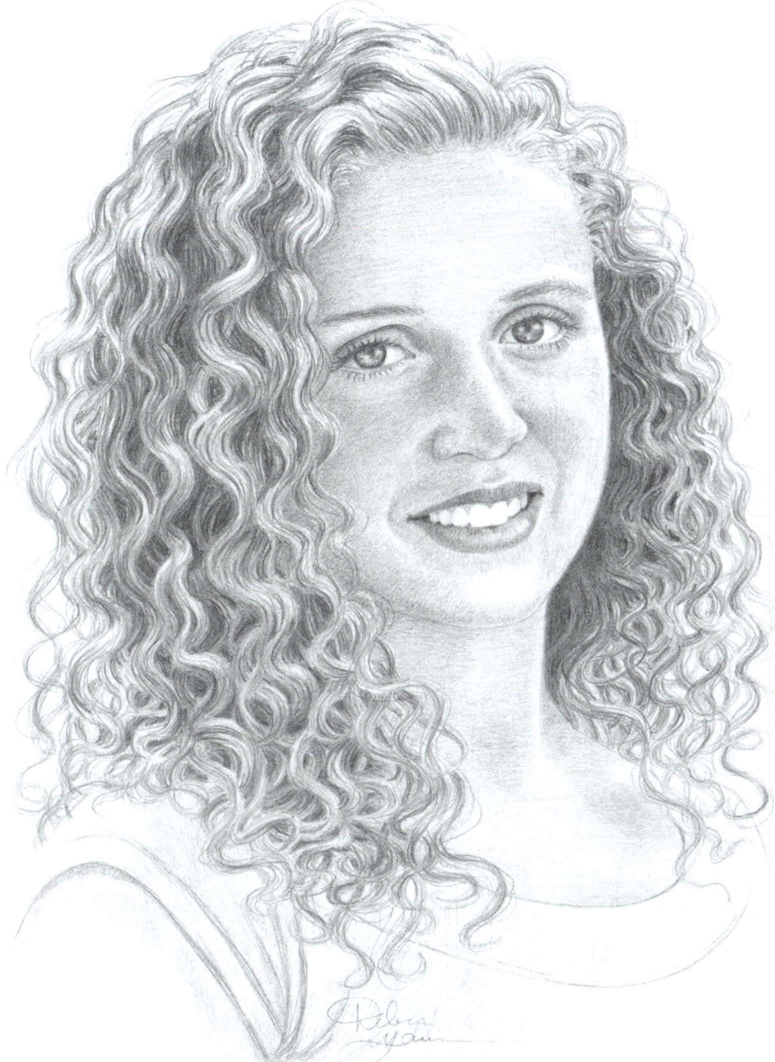

Mit waagerechten Strichen das Gesicht, den Hals und das Dekolletee schraffieren. Dann die Details an Augen, Lippen und Zähnen ausarbeiten – die rechte Schulter und das Shirt nicht vergessen! Um die einzelnen Locken noch besser zur Geltung zu bringen, einerseits die dunklen Stellen in den Locken verdichten, andererseits aber einige Stellen weiß lassen. So wird angedeutet, dass die junge Frau einzelne blonde Strähnen in der Haarpracht trägt. Auch wenn das Haar jetzt sehr detailliert zu sein scheint, dürfen Sie nicht zu pingelig werden, denn der Betrachter formt aus Andeutungen ein Ganzes. Zum Schluss noch einige Haare oder Strähnchen ergänzen, die aus der Frisur herauslugen. Und noch etwas: überzeichnen Sie die hellen Stellen am Oberkopf nicht!

15 MIN

Hände sind schwierig zu zeichnen, weil sie sehr beweglich sind und viele verschiedene Positionen einnehmen können. Üben Sie viel, um ein Gefühl dafür zu bekommen – die eigenen Hände, die Hände anderer Menschen – selbst Zeitschriftenfotos sind geeignet.

TIPPS

Gedankenverloren

Ein gutes Porträt sieht dem Modell nicht nur ähnlich, sondern bringt auch dessen Persönlichkeit zum Ausdruck. Es geht darum, einen Gesichtsausdruck zu finden, der dem Wesen des Modells entspricht, aber nicht fotografisch genau sein muss. Um die Nachdenklichkeit dieser jungen Frau überzeugend zu vermitteln, wurde die Hand in das Porträt einbezogen.

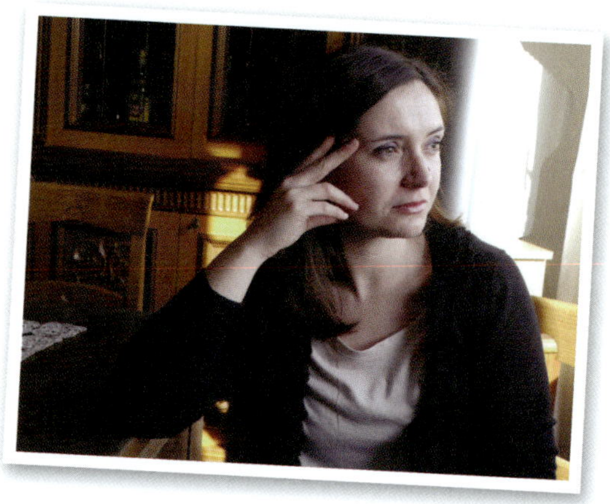

Grobe Skizze

Schauen Sie sich die Haltung des Kopfs genau an. Zuerst die Hilfslinien zeichnen, dann den eiförmigen Kopfumriss. Den Winkel des Arms in Relation zum Kopf mit einem länglichen Oval andeuten. Die Hand mit vereinfachten Formen einfügen und die oberen Fin-gergelenke skizzieren. Gesichtszüge und Kleidung mit wenigen Linien vorzeichnen.

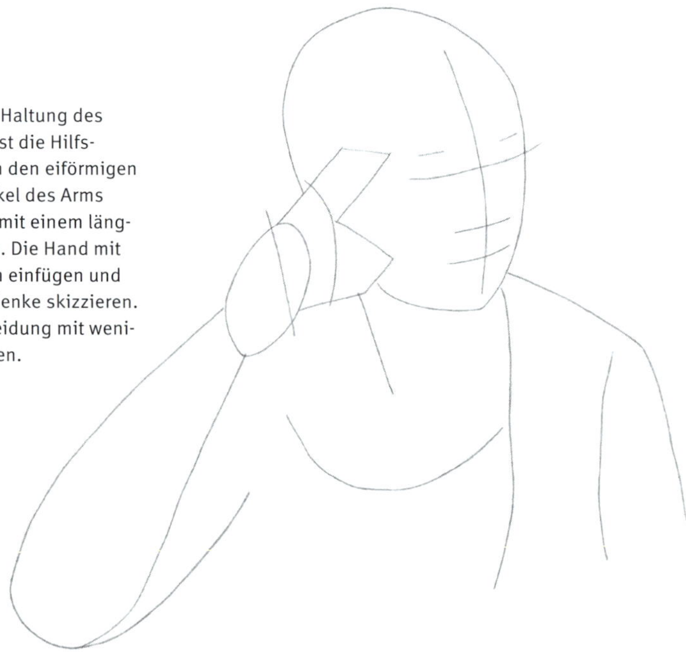

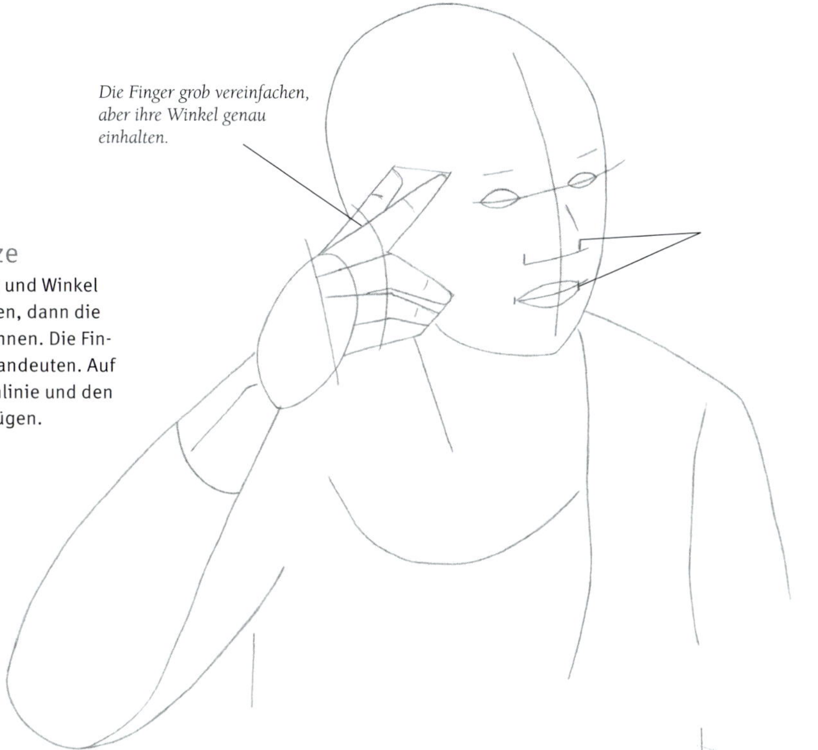

Genauere Skizze

Proportionen, Größen und Winkel nochmals genau prüfen, dann die Gesichtszüge einzeichnen. Die Finger und ihre Gelenke andeuten. Auf dem Arm die Schattenlinie und den Rand des Ärmels einfügen.

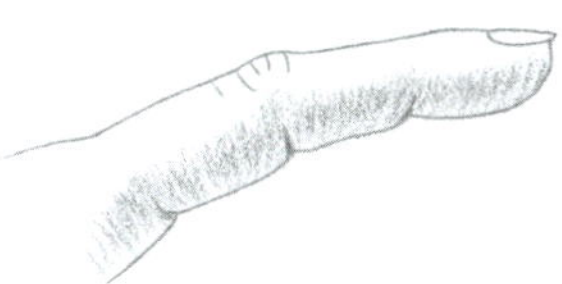

Wenn die Hand komplett im Schatten oder auch im hellen Licht liegt, lässt sich die Form schlecht durch Schattierungen herausarbeiten. Versuchen Sie darum, vorteilhafte Lichtverhältnisse zu wählen.

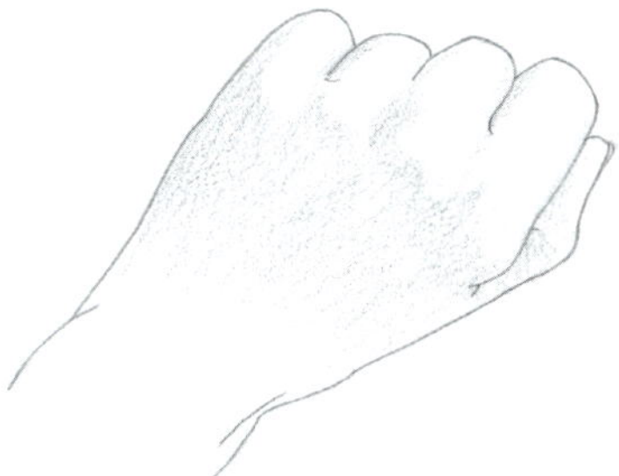

Achten Sie auf Handhaltungen, bei denen die Längen der Finger erkennbar sind. Es ist schwierig, eine Faust realistisch zu zeichnen, weil die Finger oft wie abgeschnitten wirken.

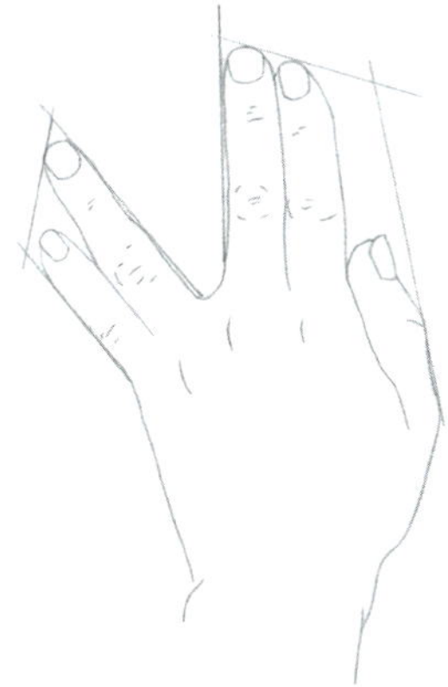

Das Reduzieren auf vereinfachte Grundformen trainiert das Auge. Hier wurden kleiner Finger und Ringfinger zu einem Formelement zusammengefasst. Mittelfinger, Zeigefinger und Daumen bilden ein zweites.

15 MIN

Achten Sie beim Zeichnen von Handrücken, Handgelenk und Unterarm genau auf die Proportionen, weil der Unterarm fließend in die Hand übergeht.

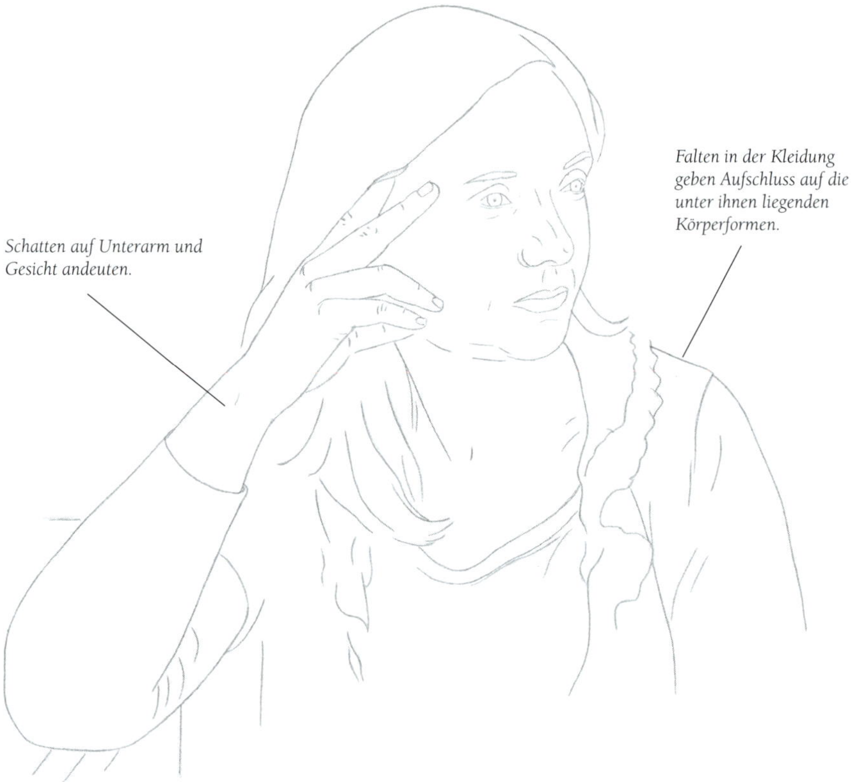

Übertragen

Kontrollieren Sie alle Proportionen und Winkel, bevor Sie die Umrisse auf stabiles Transparentpapier übertragen. Haaransatz und Details des Gesichts, beispielsweise Unterkiefer, Kinn und Mund, werden jetzt eingezeichnet, außerdem die einzelnen Finger sowie die Fingernägel.

TIPPS

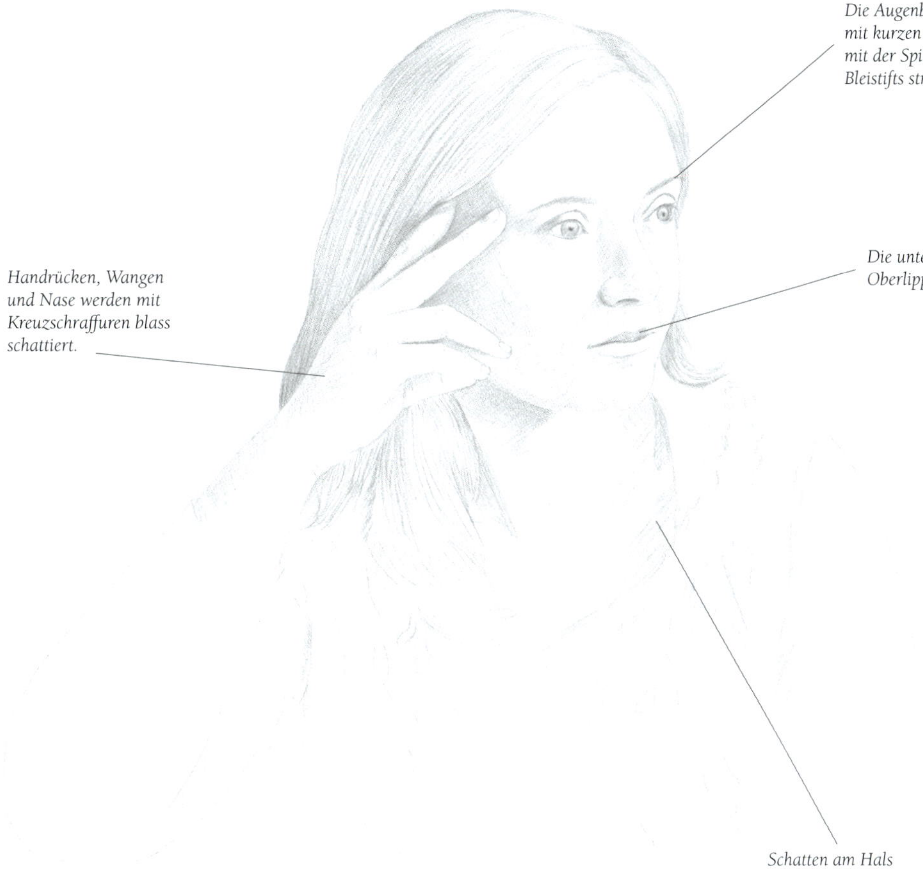

Ausarbeiten

Die Zeichnung auf ein neues Blatt Zeichenpapier übertragen und die Linien leicht nachzeichnen. Die Haare mit dem Bleistift HB zeichnen, dabei mit langen Strichen arbeiten, die der Wuchs- und Fallrichtung der Haare folgen. Wange, Schläfe und Nase zart mit der Bleistiftspitze schattieren. Für den Schatten unter dem Nasenloch mit etwas stärkerem Druck arbeiten. Die Schatten an Ober- und Unterlid werden mit leichten, gekrümmten Strichen gezeichnet, die die Form nachvollziehen. Zuletzt Iris und Pupille beider Augen abdunkeln.

15 MIN

Arbeiten Sie die Kleidung nicht zu detailliert aus, sonst besteht die Gefahr, dass sie vom Gesicht ablenkt.

TIPPS

Die Haare mit dem Bleistift HB weiter abdunkeln.

Die größeren Schattenflächen im Gesicht mit zarten Kreuzschraffuren ausarbeiten, dabei um Nase und Augen gekrümmte Striche zeichnen. Die Iris abdunkeln und mit kurzen Strichen Wimpern andeuten.

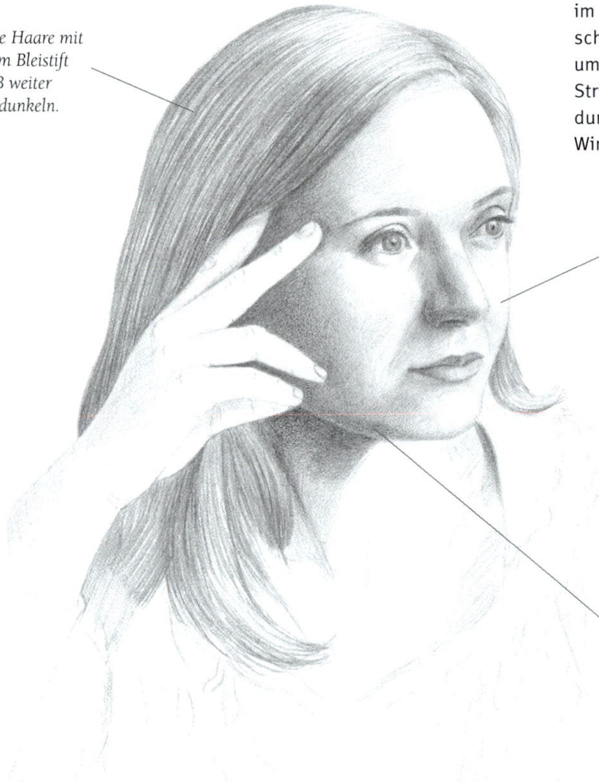

Auch die hellen Bereiche des Gesichts ganz zart schattieren.

Entlang der Kieferkontur muss für den Lichtreflex ein heller Streifen bleiben.

Texturen zeichnen

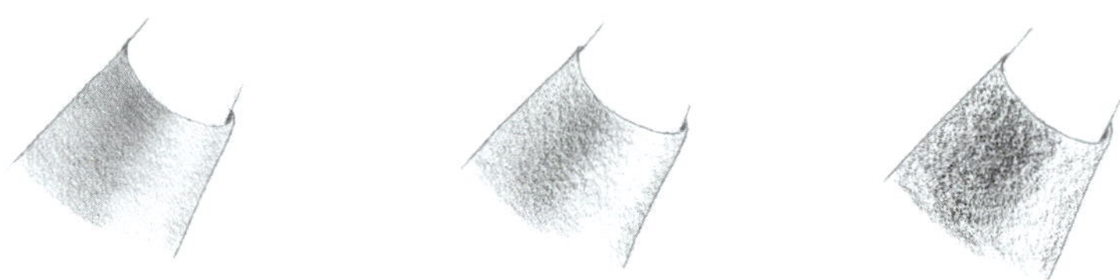

Bleistift HB
Das Grafit des harten Bleistifts gelangt auch in die Strukturtäler des Papiers, sodass der Eindruck eines glatten Stoffs entsteht – wie dünne Baumwolle, Polyester oder Seide.

Bleistift 2B
Mit dem weicheren Bleistift bleiben Teile der Papierstruktur erkennbar. Dieser Effekt ähnelt dünnem Strick.

Bleistift 6B
Mit einem sehr weichen Bleistift tritt die Struktur des Papiers deutlich hervor. So lassen sich grob gestrickte Kleidungsstücke darstellen.

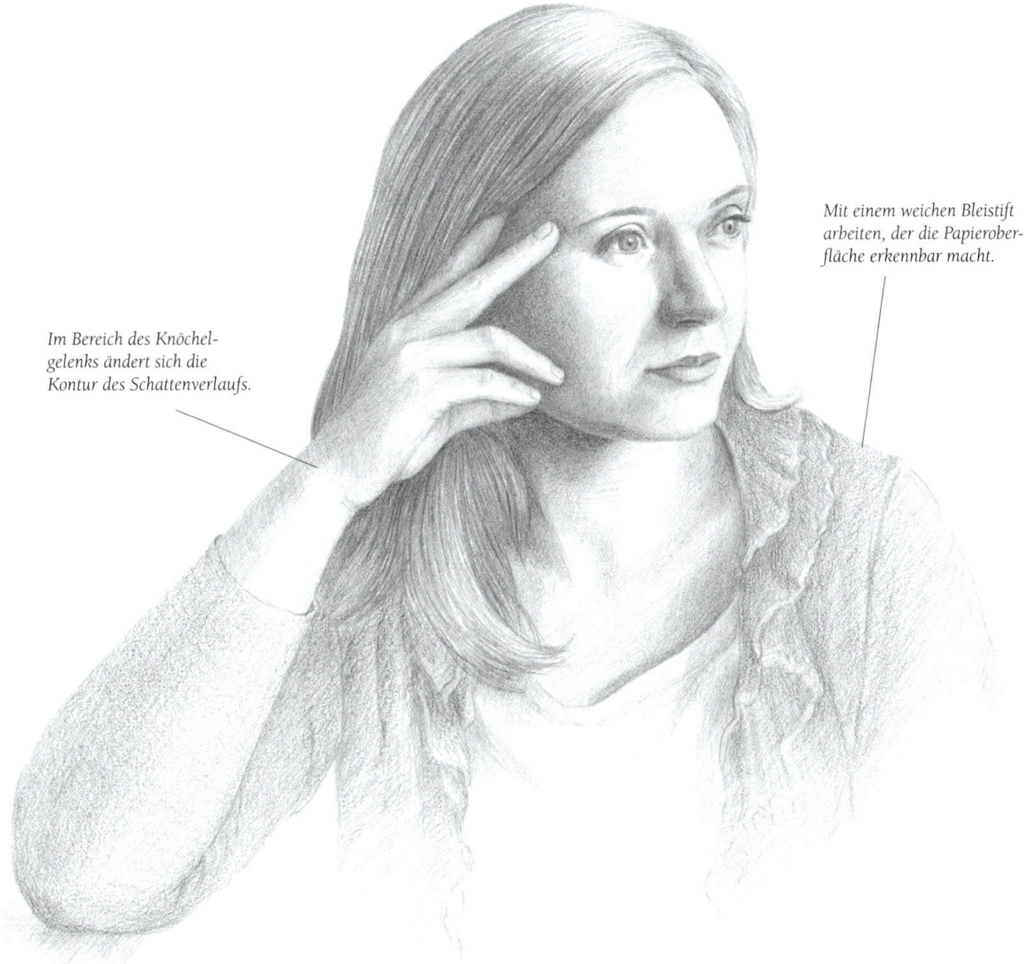

Textilien

Auf Porträts ist oft auch etwas von der Kleidung zu erkennen, und diese kann etwas über die Persönlichkeit aussagen. Darum ist es wichtig, den Charakter des Stoffs überzeugend darzustellen. Oft ergibt sich durch die richtige Wahl von Stift und Papier schon ein Eindruck der Textur.

Den Handrücken nochmals mit Kreuzschraffuren abdunkeln. Die Finger schattieren, dabei aber die Gelenke sehr hell lassen. Mit einem Bleistift 2B lässt sich der Oberflächencharakter der dünnen Strickjacke gut zum Ausdruck bringen. Die Schatten auf dem Arm werden mit seitlich aufgesetztem Bleistift gezeichnet, dabei folgen die Striche der Form. Zuletzt mit der Spitze des Bleistifts kleine Einzelheiten der Kleidung einfügen.

Mann

Profil eines Mannes

Bei einem Porträt von der Seite kommt es darauf an, die Hilfslinien ganz genau an der richtigen Stelle zu setzen, um die Proportionen des individuellen Gesichts, zu dem auch der Hinterkopf gehört, gut zu treffen.

TIPPS

Ein Profil kann sehr dramatisch wirken, denn von der Seite erkennt man die individuellen Charakteristika eines Menschen viel deutlicher als in der Frontansicht. Aber gerade deshalb müssen Sie darauf achten, dass nicht ein spezielles Merkmal zu stark betont wird.

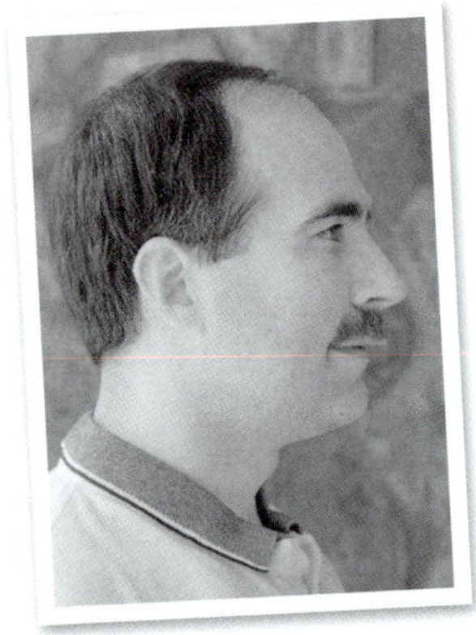

1

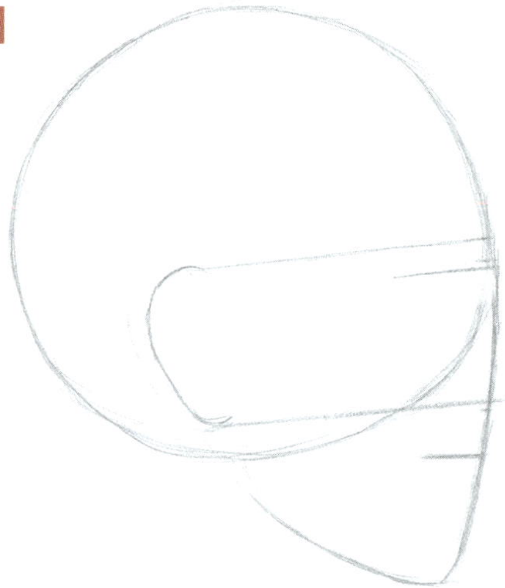

Nachdem Sie die Kopfform mit einem Kreis skizziert haben, nehmen Sie einen Bleistift in Härte HB und zeichnen Hilfslinien für Gesicht, Wangen und Kinn sowie für Augen, Nase, Mund und Ohr. Arbeiten Sie dabei so nah wie nur möglich an Ihrer Vorlage.

2

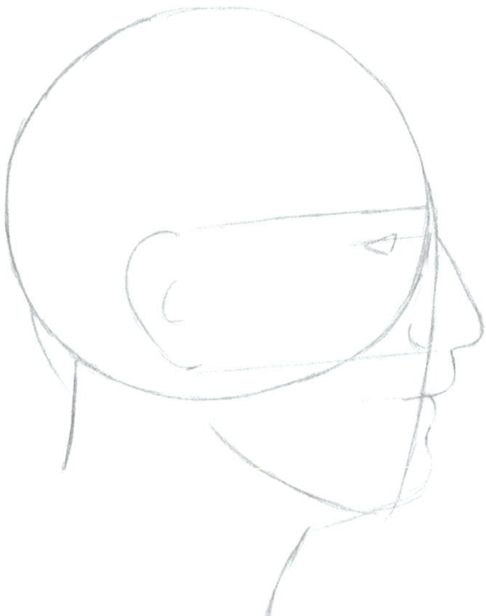

Anhand der Hilfslinien zeichnen Sie nun die Gesichtsmerkmale so ein, dass Sie das Individuelle, wie die etwas vorstehende Oberlippe, festhalten. Der Ausschnitt des Auges zeigt, wie klein das Auge im Profil wird.

3

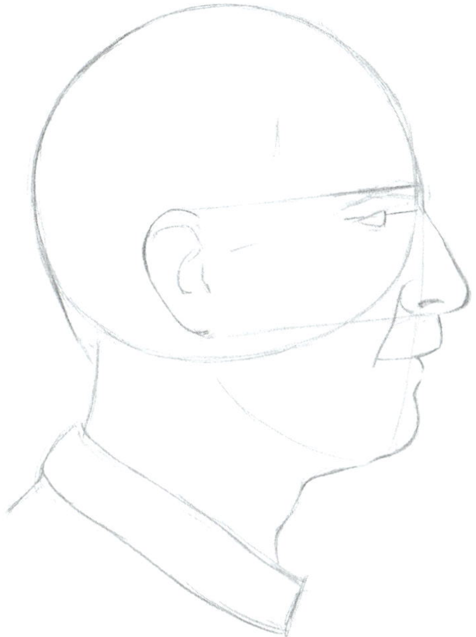

Beim Einzeichnen der Brauen achten Sie sehr genau auf die Abstände zwischen der Braue und den anderen Partien wie dem Auge und der Nase und versuchen den Bogen so exakt wie nur möglich zu treffen. Sobald Sie mit dem Umriss zufrieden sind, geht es an die ersten Details wie Hals und Adamsapfel.

4

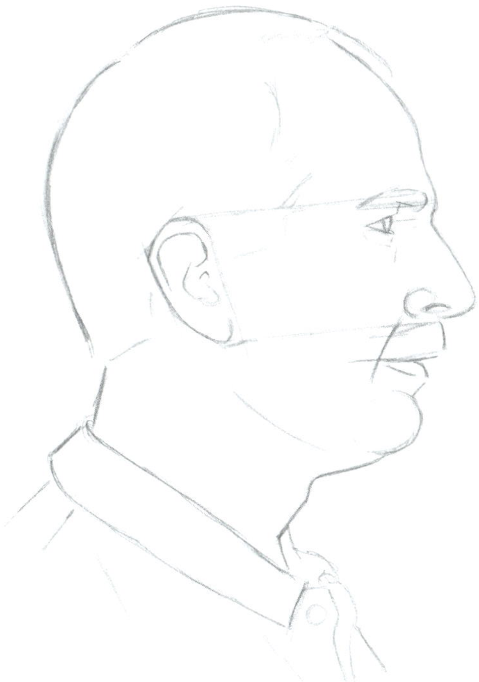

Beim Profil ist der Sitz der Haarlinie besonders wichtig, da sie großen Einfluss auf die Stirn hat und mitbestimmt, ob Ihr Bild Ähnlichkeit mit der Person hat, die Sie porträtieren: Hier ist die Stirn sehr hoch. Dann arbeiten Sie weiter an den Gesichtszügen.

Da viele Erwachsene sehr ausgeprägte Gesichter besitzen, macht es Spaß, sie von der Seite darzustellen wie bei diesem Porträt.

Viel vom Gesicht wurde hier weiß gelassen, damit man sich ganz auf Augen und Mund konzentrieren kann.

TIPPS

5

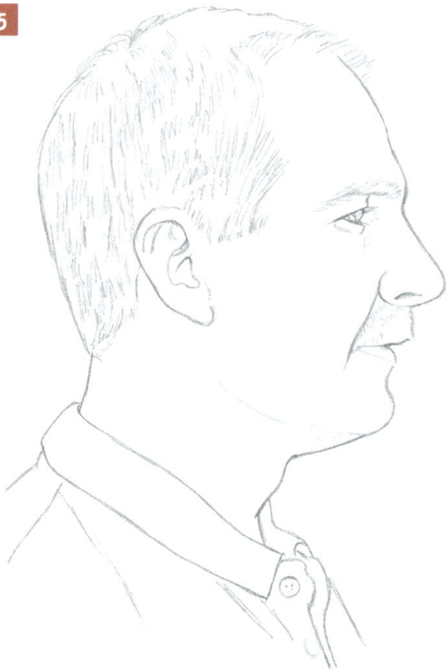

Nun sieht man die Ähnlichkeit schon. Deshalb nehmen Sie einen Bleistift in Härte 2B und bringen Räumlichkeit ins Bild: Nase und Wangen werden runder. Auf der Oberlippe deuten erste kleine Strichlein den Schnurrbart an – auf den Kopf setzen Sie kurze, rasche Striche fürs Haar. Es folgen Detailarbeiten an Auge, Ohr und Braue.

6

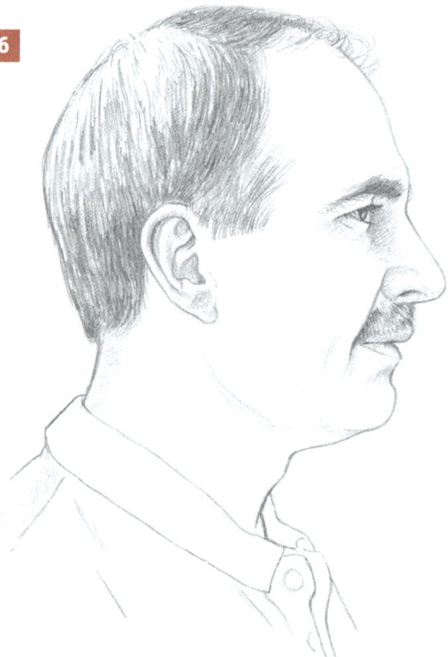

Arbeiten Sie weiter an Haaren, Augenbraue und Schnurrbart mit dem Bleistift in Härte 2B mit Strichen in der Wuchsrichtung. Beim Haupthaar lassen Sie einige Stellen ganz weiß. Dann wenden Sie sich den Linien und Schatten im Gesicht zu und schraffieren Auge, Ohr und Nase.

7

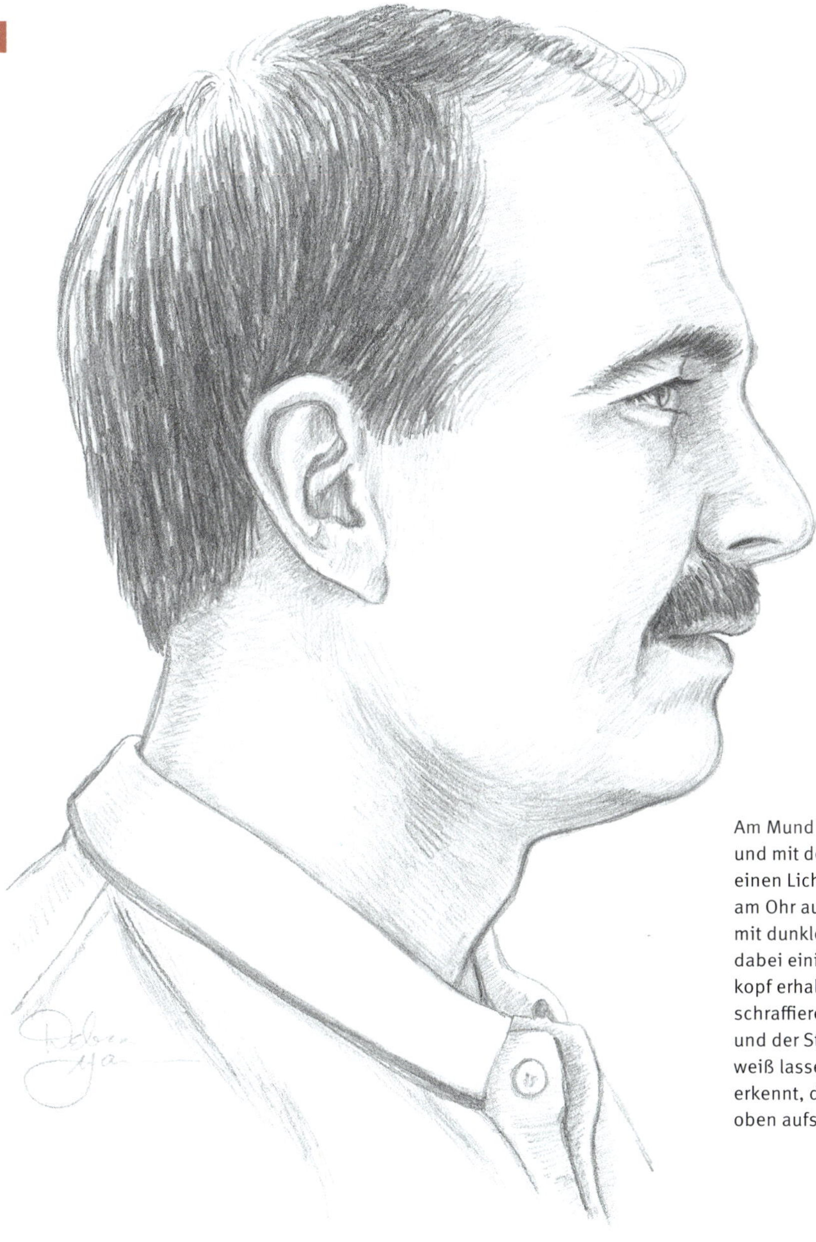

Am Mund die Lippen schraffieren und mit dem Knetradiergummi einen Lichtreflex setzen. Die Details am Ohr ausarbeiten und das Haar mit dunklen Strichen formen – dabei einige Lichtreflexe am Oberkopf erhalten. Stirn, Nase und Kinn schraffieren, nur auf den Wangen und der Stirn größere Stellen ganz weiß lassen, damit der Betrachter erkennt, dass das Licht seitlich von oben aufs Gesicht fällt.

Arbeiten mit Licht und Schatten

Vom Licht hängen auch die Schatten ab, denn sie sind je nach Beleuchtung mehr oder weniger kontrastreich. Für die Darstellung von Licht in einem Porträt gilt eine einfache Regel: Was direkt im Licht liegt, ist hell – was im Schatten liegt, dunkel.

TIPPS

Ob Sie nach einem Foto zeichnen oder mit einem lebenden Modell arbeiten, ob Sie im Freien zeichnen oder im Studio – entscheidend für die Atmosphäre eines Bildes ist das Licht. Weiches Licht lässt eine Person ruhiger erscheinen – angestrahlt von intensivem hellem Licht wirkt jeder Mensch dramatisch.

Für dieses Foto wurde ein Scheinwerfer hinter dem jungen Mann aufgestellt, sodass sein Gesicht im Schatten liegt, die Haare aber hell erscheinen. Lassen Sie um den Kopf herum weiße Stellen auf dem Papier stehen, damit das Haar lebendig wirkt und sich optisch gut vom Hintergrund trennt.

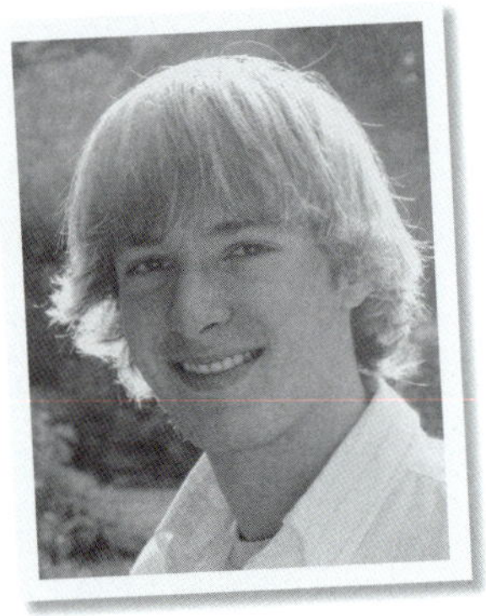

1

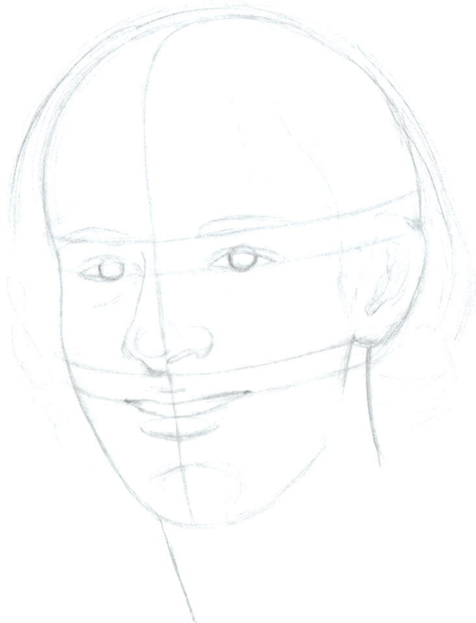

Mit einem Bleistift in Härte HB die Grundformen von Kopf, Hals und Haar vorzeichnen. Der Junge zeigt sein Gesicht in einer Dreiviertelansicht, deshalb muss die Mittellinie nach links versetzt werden. Die Gesichtszüge mit leichten Strichen vorzeichnen – vor allem die noch jugendlich runde Form von Nase und Kinn festhalten.

2

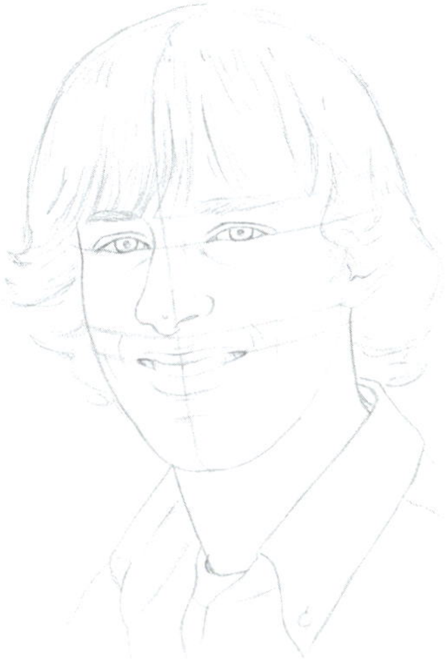

Mit einem Bleistift in Härte 2B erste Details von Mund, Nase, Augen und Augenbrauen einzeichnen. Die leichten Falten am Mund und um die Augen nicht vergessen! Anschließend vom Hemd Kragen und Knopf andeuten sowie den Saum des Shirts.

3

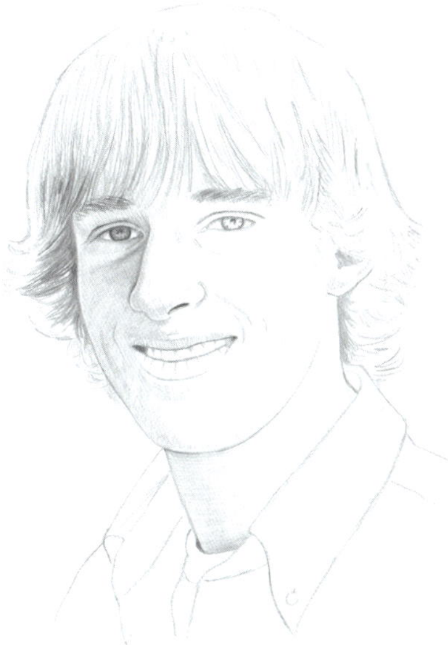

Nun zuerst mit einem Bleistift in Härte 2B die rechte Gesichtshälfte schraffieren: Als Erstes eine feine Schicht leichter kurzer Striche auftragen. Darüber eine Schicht leichter, aber längerer Striche legen. Beim Haar genug Stellen weiß lassen, denn hier scheint das Licht direkt auf den Jungen. Die langen Striche am Oberkopf auslaufen lassen, damit das Haar lebensecht aussieht.

4

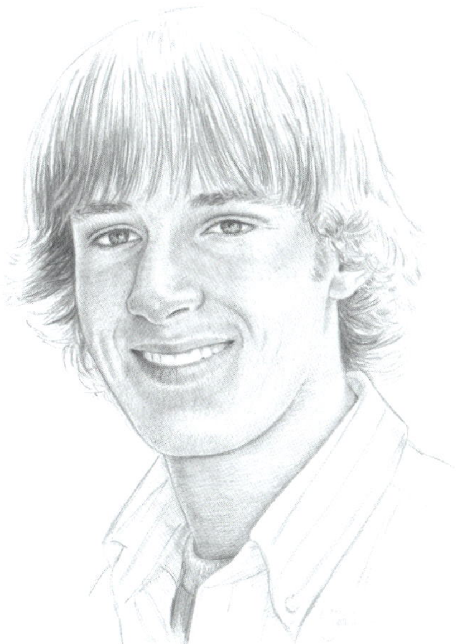

Immer noch mit dem Bleistift in Härte 2B das Gesicht feiner ausschraffieren – dabei bleibt die linke Seite deutlich heller als die rechte, da das Licht von links kommt. Deshalb auch das linke Auge jetzt stärker betonen als das rechte, das im Schatten liegt. Den Hals weiter bearbeiten und auch hier an den Unterschied zwischen linker und rechter Seite denken. Zum Schluss das Haar anpassen, und genug weiße Stellen beibehalten, damit das Haar hell durchleuchtet wirkt.

Kind

Kindliche Gesichtsproportionen

Alleine an den Proportionen dieses Kindergesichts erkennt ein geübter Zeichner, dass dieser Junge fünf oder sechs Jahre alt ist. Das Gesicht hat sich schon so weit gestreckt, dass die Augenbrauen bereits auf Höhe der Ohren sind. Noch aber stehen die Augen weit auseinander und verraten das Alter ebenso wie der Mund, der noch relativ weit unten liegt – nur wenig über dem Kinn.

Kinder haben völlig andere Gesichtsproportionen als Erwachsene: Kleine Kinder haben runde Gesichter und große Augen, die weiter auseinanderstehen als bei den Erwachsenen. Außerdem liegen die Gesichtszüge ein bisschen tiefer: zum Beispiel beginnen die Augenbrauen auf der waagerechten Mittellinie, also dort, wo später beim Teenager oder beim Erwachsenen die Augen liegen. Mit zunehmendem Alter wird das Gesicht länger und die Proportionen verschieben sich.

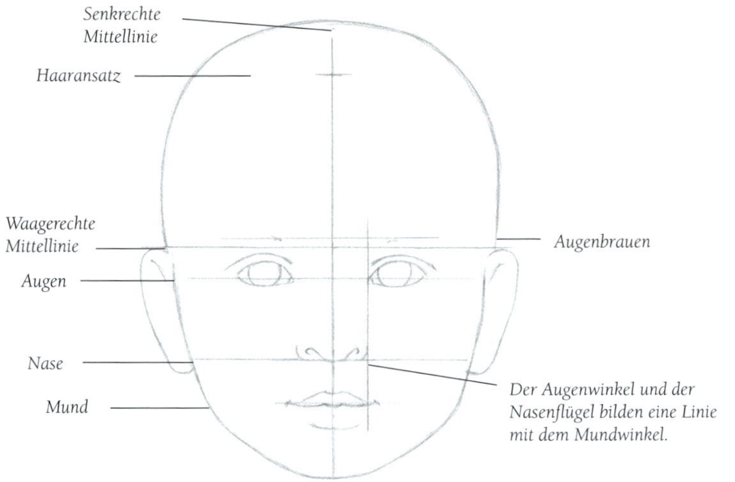

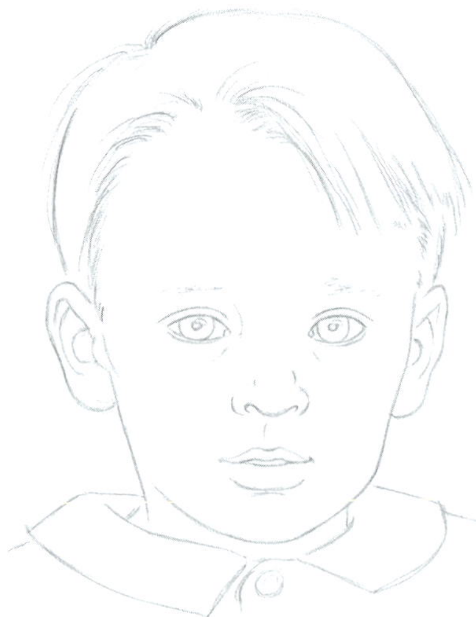

Die Lage der Gesichtszüge verändert sich im Lauf der Kindheit, da das Gesicht länger und schmaler wird. Ziehen Sie Hilfslinien, mit denen Sie das Gesicht ab der waagerechten Mittellinie in gleichmäßige Abschnitte teilen. So lässt sich die genaue Lage aller Gesichtszüge am leichtesten finden.

TIPPS

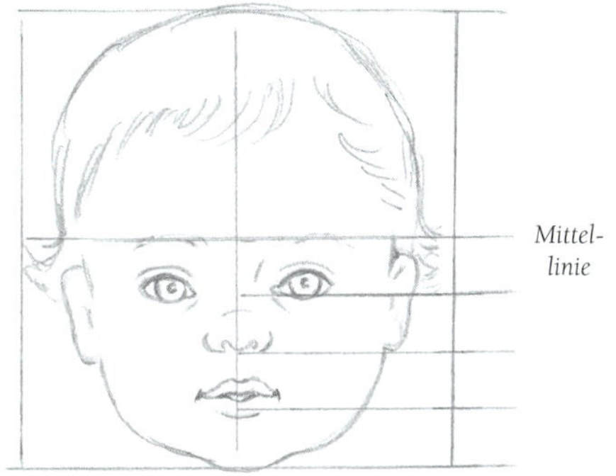

Babys

Dass Babygesichter genau in ein Quadrat passen, zeigt die Abbildung oben. Babys haben eine so große Stirnpartie, dass ihre Augenbrauen auf der waagerechten Mittellinie sitzen und nicht die Augen, wie bei den Erwachsenen. Die Augen wirken sehr groß im Vergleich zum übrigen Gesicht, da sie bei der Geburt voll entwickelt sind und nicht mehr größer werden.

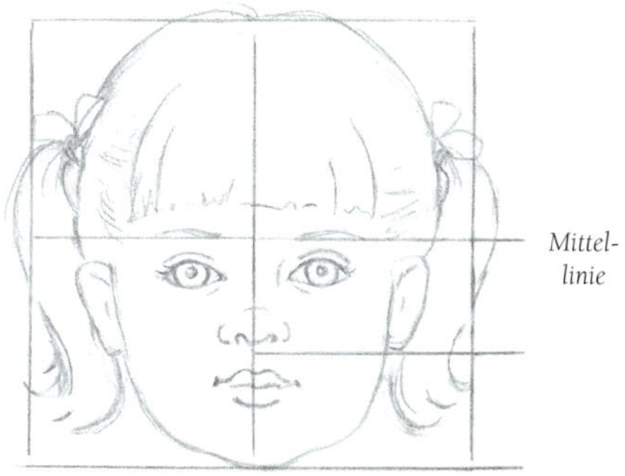

Kleinkinder

Mit drei oder vier Jahren ist die Stirnpartie bereits kleiner, das Kinn schmaler und die Enden der Augenbrauen ruhen auf der Mittellinie. Die Augen sind immer noch etwas weiter als eine Augenlänge voneinander entfernt, aber nicht mehr so weit wie beim Baby.

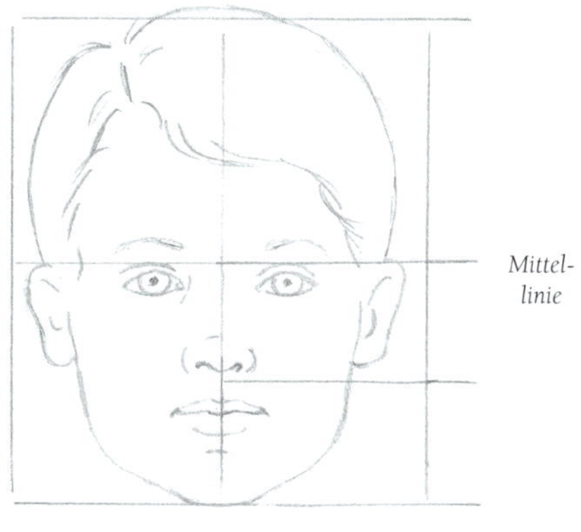

Kinder

Mit sechs oder sieben Jahren hat sich der Kinderkopf gestreckt und ähnelt in der Grundform bereits einem hochgestellten Rechteck. Die Augenbrauen liegen bereits ein gutes Stück über der waagerechten Mittellinie und die Augen sind näher an die senkrechte Mittellinie gerutscht. Die Ohren enden auf Höhe der Nasenwurzel.

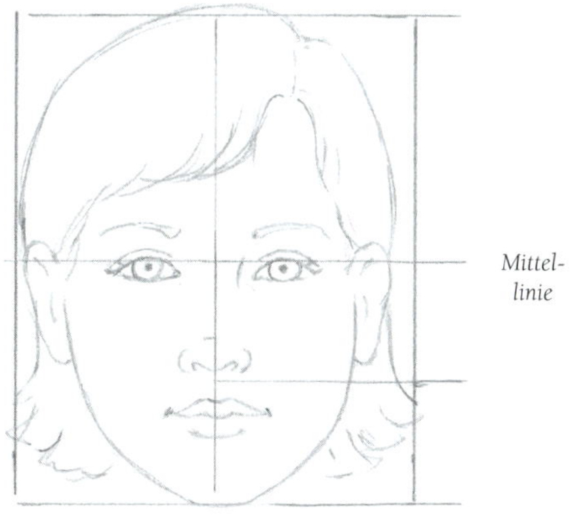

Teenager

Mit etwa 13 Jahren ist die Gesichtsform länglich. Das Gesicht hat seine Rundungen weitgehend verloren und wirkt oval. Die Augen liegen schon fast so weit auf der waagerechten Mittellinie wie beim Erwachsenen. Und die Ohren enden auf Höhe der Augenbrauen. Nur die runden Augen und der runde Mund tragen noch kindliche Züge.

Kinderköpfe

Babys erkennt man auch an den zarten Augenbrauen und am feinen Haar; das Haar wird in aller Regel erst mit zunehmendem Alter dichter.

Übrigens helfen Frisuren, Kleidung und Accessoires das richtige Alter zu erkennen.

TIPPS

Kinderköpfe im Profil wirken fast rund. Die Kleinen haben eine große Stirnpartie, die weiter nach vorne ausgeprägt ist als bei Erwachsenen. Die Nase ist dagegen klein und recht rund, sodass der Kinderkopf im Profil gut in ein gedachtes Quadrat passt. Am besten beginnen Sie mit einem Kreis für den Hinterkopf und zeichnen dann die Grundformen der Gesichtszüge vor. Die Augenbrauen liegen auf der waagerechten Mittellinie, die Nase liegt in der unteren Gesichtshälfte und nimmt etwa ein Viertel des Profils ein. Sehen Sie genau hin und setzen Sie alle Gesichtszüge mithilfe der Hilfslinien an die richtige Stelle.

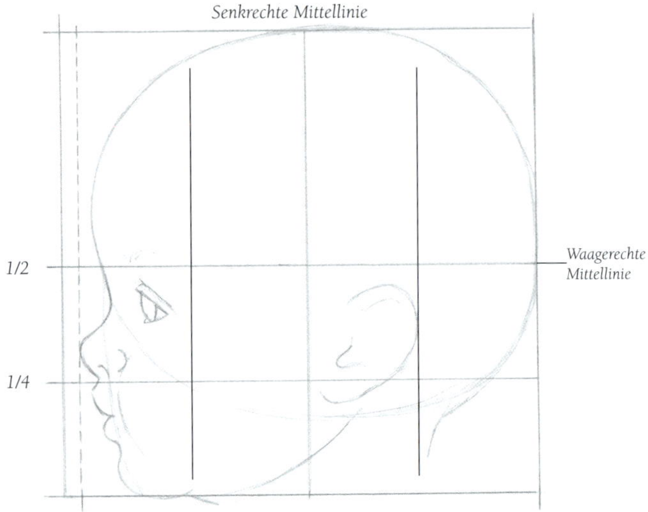

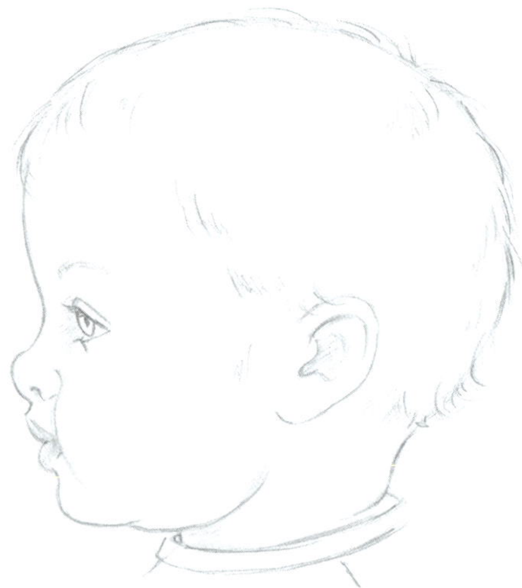

Die Gesichtszüge ändern sich

In der Dreiviertelansicht ändern sich die Gesichtszüge. Auch wenn Babygesichter anders geformt sind, so ändert sich ihre Ansicht nach demselben Grundprinzip wie Sie es in der Abbildung sehen – je nachdem, wie der Kopf gewendet wird. Übernehmen Sie die Hilfslinien und setzen Sie die Gesichtszüge mit ihrer Hilfe an die richtige Stelle.

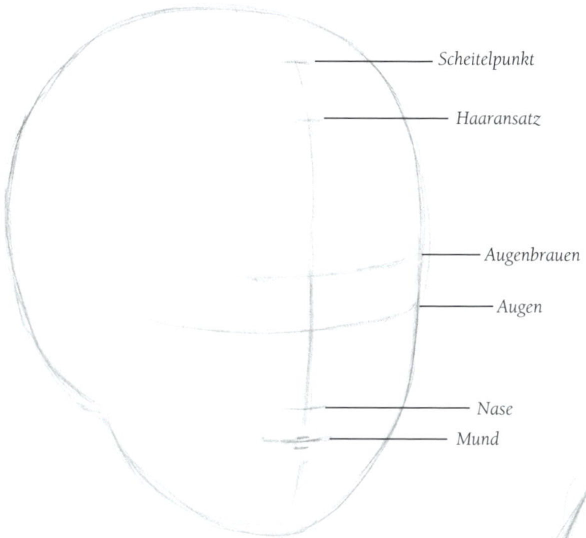

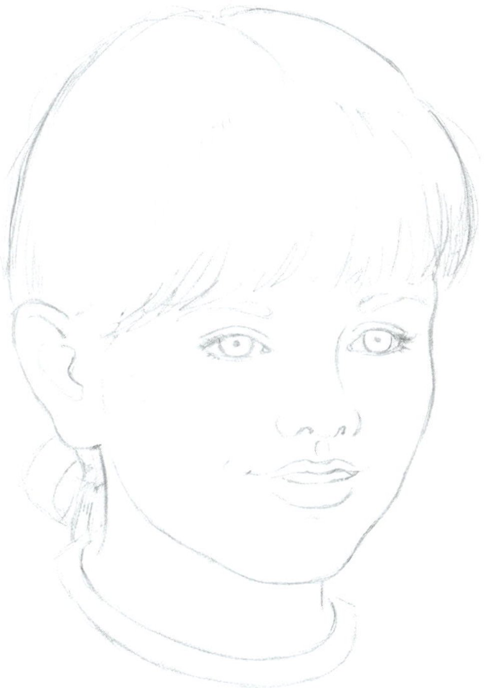

Babyporträt

Kleine Kinder haben zarte Gesichtszüge, die Sie am besten mit leichten Strichen zeichnen. Formen Sie ein solches Gesicht nur sanft mit Schraffuren, und nehmen Sie die Seite des Bleistifts, um die Mundpartie zu zeichnen.

Babys zu zeichnen, ist nicht so leicht wie es aussieht, weil sie schnell viel älter wirken, als sie sind. Vor allem nimmt die Stirnpartie viel Platz ein und die Augen liegen in der unteren Gesichtshälfte. Außerdem sind die Augen geradezu übernatürlich groß verglichen mit dem restlichen Gesicht – also müssen Sie sie auch so groß zeichnen!

1

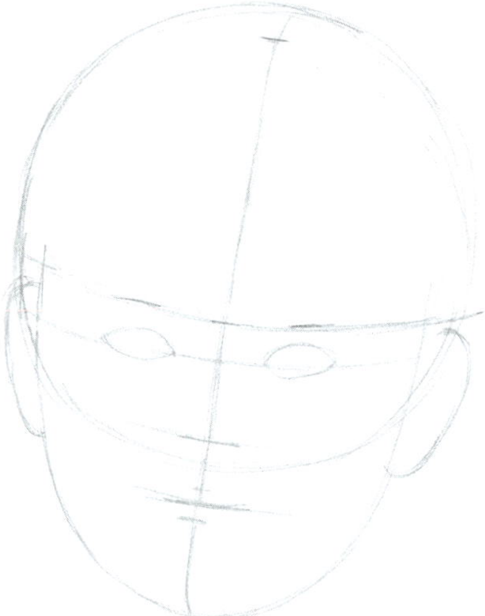

Mit einem Bleistift in Härte HB die Kopfform skizzieren und die Hilfslinien an die richtige Stelle setzen. Der Kopf ist leicht nach vorne und etwas nach links geneigt – diese Position müssen die Hilfslinien wiedergeben. Die Augenbrauen auf die waagerechte Mittellinie setzen und die Augen in der unteren Gesichtshälfte platzieren.

2

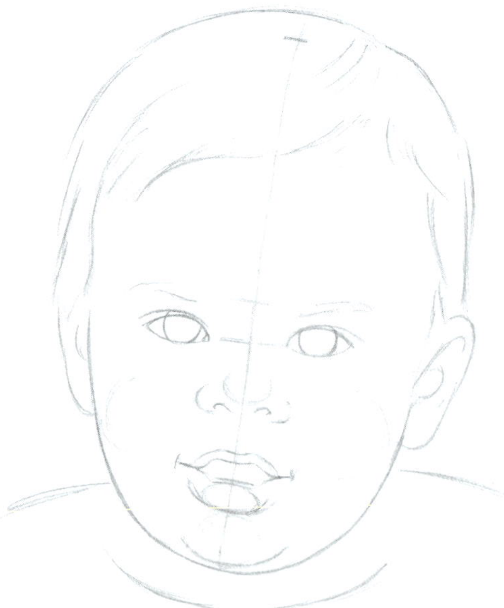

Das feine Babyhaar mit einem Bleistift in Härte B mit zarten Linien andeuten. Den geöffneten Mund einzeichnen, mit der Unterlippe, die aufs Kinn gesunken ist. Die Iris ist so groß, dass sie fast das ganze Auge ausfüllt, die Linse ist dagegen klein und rundlich. Der weiche Bogen unten am Kinn unterstreicht den weichen Eindruck des Babygesichts. Nun noch die Schultern andeuten sowie den Halsansatz und den Bund des Hemdchens.

TIPPS

3

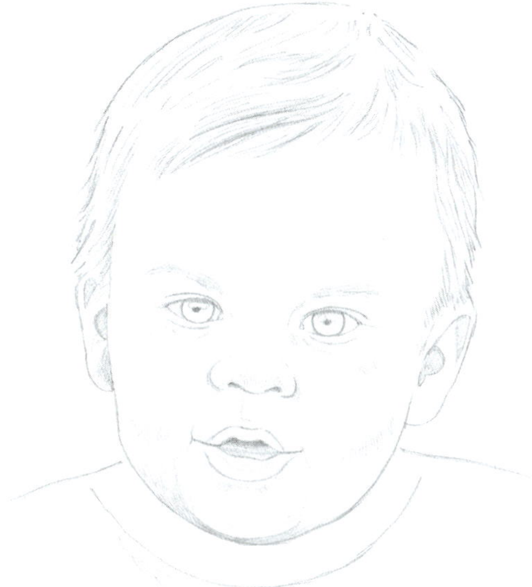

Nach und nach die Hilfslinien ausradieren. Die Pupillen schwarz zeichnen und die Lichtreflexe setzen. Die Augenbrauen und das Haar mit wenigen feinen Strichen weiterarbeiten. Dann den kurzen Halsansatz unterm Kinn weich anschraffieren und die Ohrmuscheln ausformen. Die Zeichnung des Mundes vervollständigen und die nach oben weisenden Mundwinkel weich einzeichnen. Den Mund innen schraffieren, damit man sieht, dass noch keine Zähne da sind. Dann am Bund des Hemdchens weiterarbeiten.

4

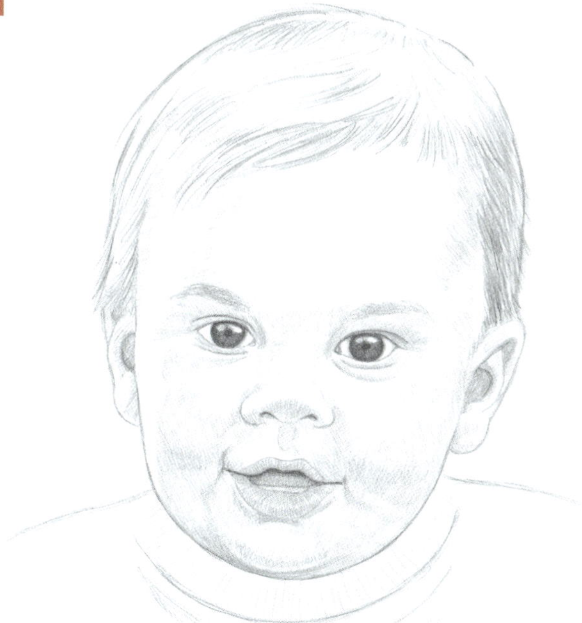

Mit einem Bleistift in Härte 2B die Iris erst einfärben, dann mit dem Knetradiergummi die Reflexe fein herausradieren. Das Haar und die Augenbrauen mit weiteren feinen Strichen bearbeiten – ebenso Mund und Gesichtsform weiter ausformen. Mit Fingerspitzengefühl die Lachfältchen am Mund formen, damit es ein typischer weicher Babymund wird. Das Hemdchen braucht noch stärkere Schulterlinien.

Bei jedem Gesicht stellen sich immer wieder Fragen nach den individuellen Proportionen: Wie groß sind die Abstände zwischen Haaransatz und Augen, zwischen Auge und Nase, zwischen Nase und Kinn, und wo genau liegen die Ohren?

5

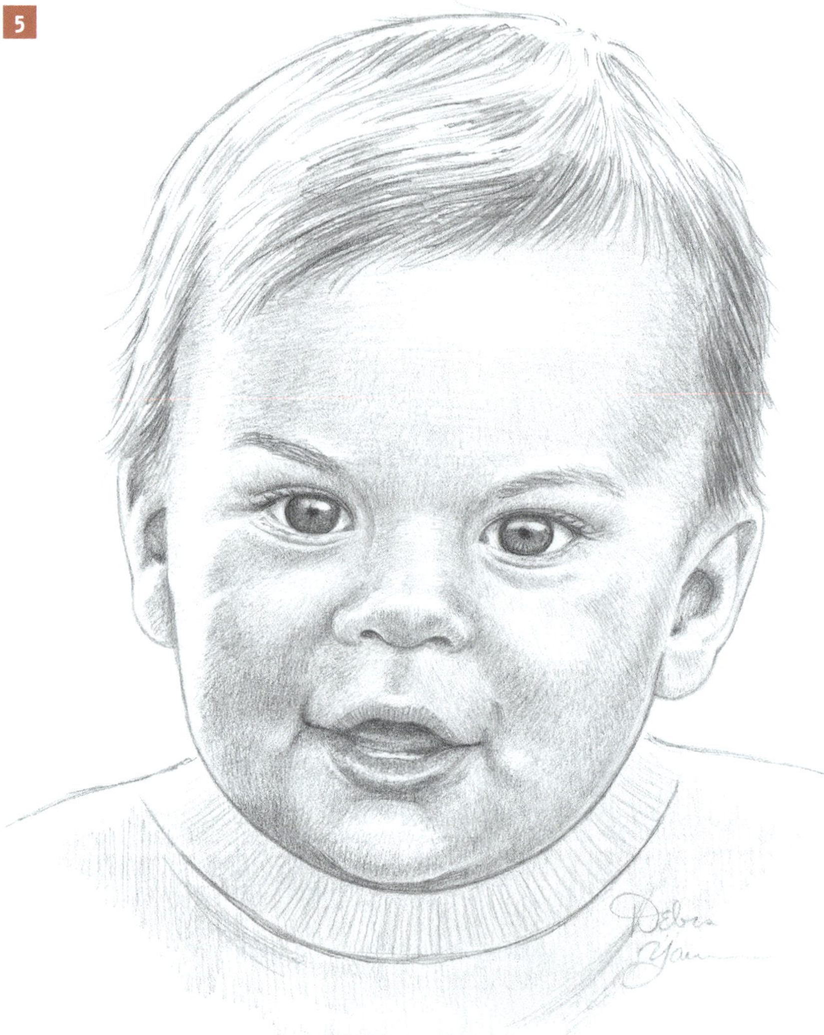

Das Gesicht behutsam weiter schraffieren und auch die Lippen nochmals verstärken. Den Lichtreflex auf der Unterlippe mit der Spitze eines Knetradiergummis setzen. Nur ganz zarte Wimpern einzeichnen. Das Haar und die Augenbrauen behutsam noch etwas stärker ausarbeiten – ebenso die Backen abrunden. Das Hemd stärker schraffieren. Treten Sie dann einen Schritt zurück und prüfen Sie, ob das Gesicht insgesamt niedlich und rund wirkt. Achten Sie vor allem auf den Mund, die Nase und die Augen. Mit einem Papierwischer über das Gesicht gehen, damit die Haut babyzart wirkt.

Achtung: Baby!

Babys sehen meist mit ihren großen Augen neugierig in die Welt. Versuchen Sie den Augenbrauen einen Schwung nach oben zu geben, um die kindliche Neugier darzustellen; durch Lichtreflexe wirken die Augen groß und lebendig. Ein Baby hat weiche und volle Lippen, aber der Mund ist viel kleiner als bei einem Erwachsenen. Durch Lichtreflexe auf der Ober- oder Unterlippe wirkt der Mund sanft, und die Fältchen in den Mundwinkeln verstärken den Eindruck von süßen Pausbacken.

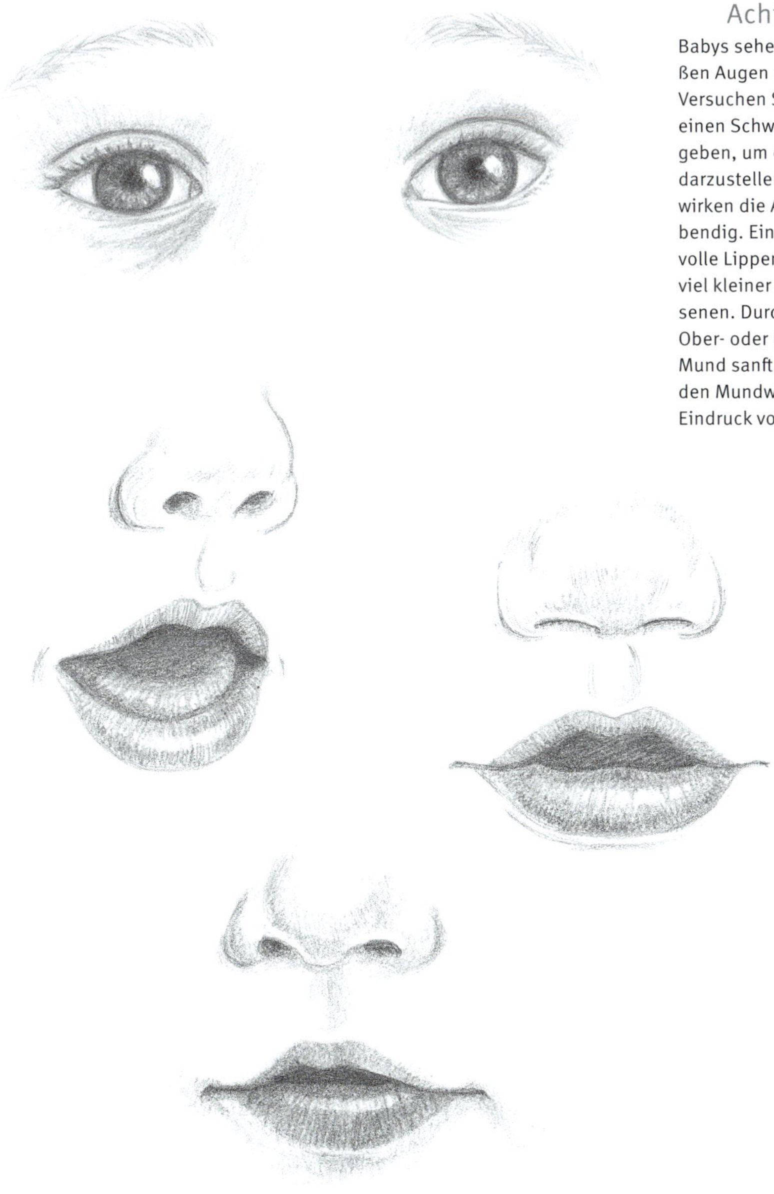

Kleines Mädchen

So faszinierend es ist, Kinder darzustellen, Sie müssen beim Zeichnen ein paar Punkte beachten, damit Ihr Porträt den kindlichen Charme einfängt. Achten Sie vor allem darauf, die Gesichtszüge dem Alter entsprechend richtig im Gesicht zu platzieren. Denken Sie auch daran, dass Mund und Augen runder sind als beim Erwachsenen, und dass das Haar noch fein und dünn ist.

TIPPS

Beim Zeichnen von Porträts ist es wichtig, dass Sie sicher sitzen und dass sich Ihr Zeichenbrett in einem guten Winkel befindet. Schieben Sie die Zeichnung immer so, dass Sie nicht mit der Hand über Bereiche wischen, die bereits fertig sind.

1

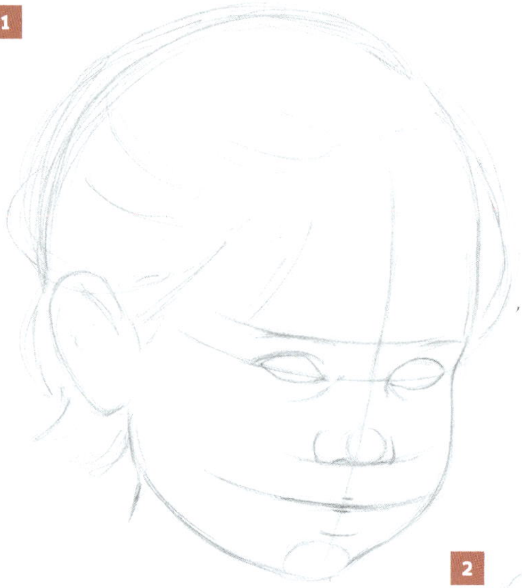

Mit einem frisch gespitzten Bleistift die Grundform des Gesichts festhalten. Dann die Hilfslinien passend zur Neigung des Kopfes einzeichnen. Die Augenbrauen liegen auf der waagerechten Mittellinie, die übrigen Gesichtszüge darunter. Die Augen sind rund und liegen etwas weiter auseinander als eine Augenlänge. Dann noch die runde Nase, den kleinen Mund und die Umrisse des feinen Haars zeichnen, das das Gesicht einrahmt.

2

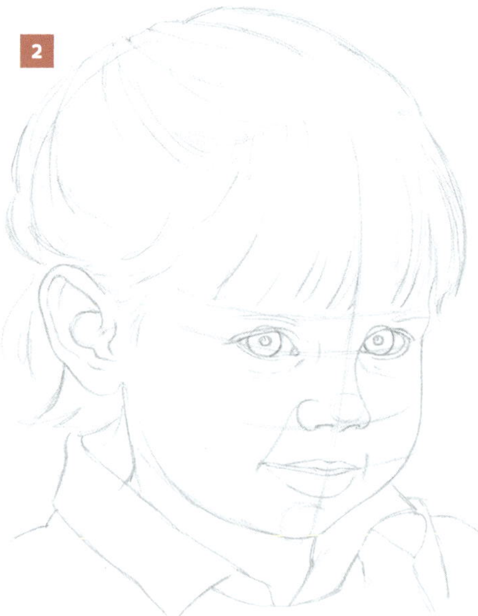

Die Augen detaillierter zeichnen und dabei an die Lichtreflexe denken – sie geben Kinderaugen diesen neugierigen, kindlichen Ausdruck. Das Ohr und die Lippen formen. Dann eine geschwungene Linie vom Nasenflügel zum linken Auge ziehen und eine weitere Linie von der Nase zum Mund, um die Wange zu zeigen. Mit wenigen, sanften Linien den weichen Bereich unterhalb der Augen und die Stirnfransen andeuten.

3

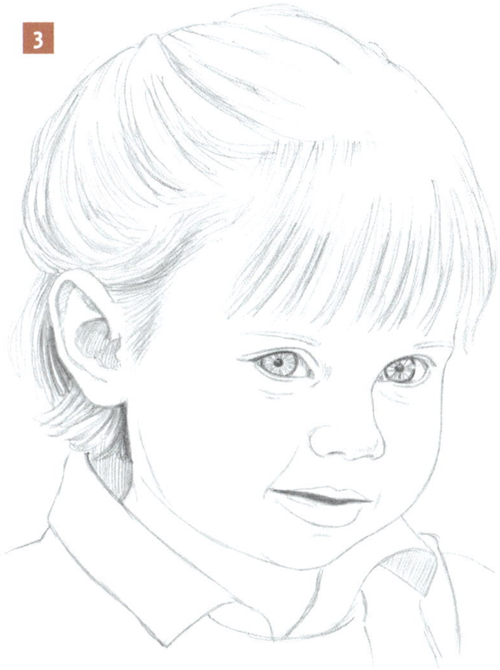

Mit einem Bleistift in Härte 3B den Bereich zwischen den Lippen ausarbeiten, die Pupille schwarz färben und die Iris umrahmen. Das Haar zwischen dem Oberkopf und dem Ohr zeichnen, dabei die Partien im Schatten hinter dem Ohr dunkler gestalten: Mit zarten, kurzen Strichen geben Sie dem Haar ein weiches Erscheinungsbild. Dann wieder zum Bleistift in Härte 2B greifen. Die Ohrmuschel innen und die Unterseite des Kragens zeichnen – wichtige Details, die den Einfallswinkel des Lichts zeigen. Zum Schluss die Augenbrauen und die Linien um Mund und Augen andeuten.

4

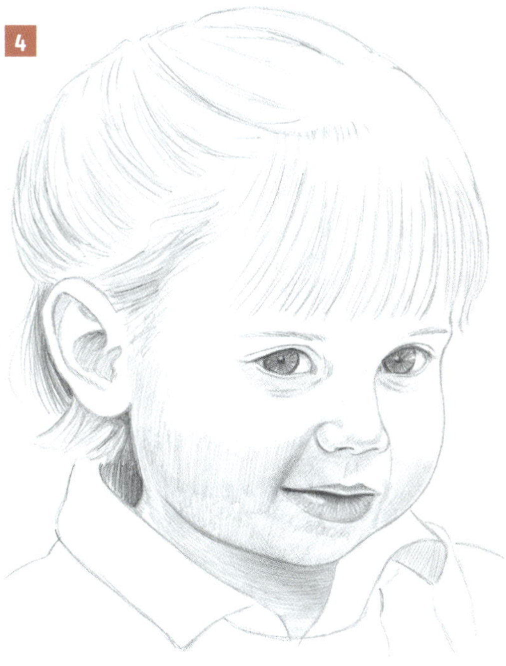

Die Lippen ausarbeiten, dabei einen Bereich auf der Oberlippe auslassen, damit sie Glanz erhält. Die Rundung des Halses schraffieren. Die Augenbrauen sehr fein einzeichnen, damit das Gesicht kindlich wirkt, und die untere Gesichtshälfte sanft schraffieren. Die Wangen sollen weich und rosig erscheinen.

Mit einem Papierwischer lassen sich die feinen Konturen eines Gesichts besonders sanft verreiben.

5

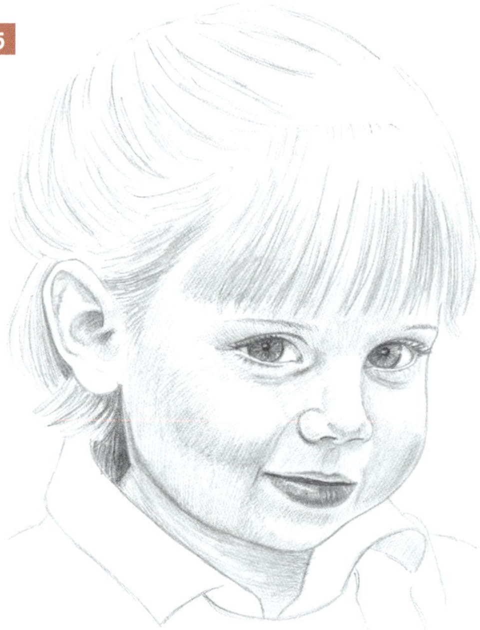

Zwischen Augenbraue und Auge zeigen feine, weiche Linien, wie zart dieser Bereich noch ist. Mit geschwungenen Strichen die Wimpern einzeichnen und den Oberkopf mit weichen Auf- und Abstrichen formen. Die rechte Wange erhält durch weiche Schraffuren ihre Form und die Stirnfransen durch weitere weiche Striche. Einige Stellen bleiben weiß, damit das Haar locker fällt.

6

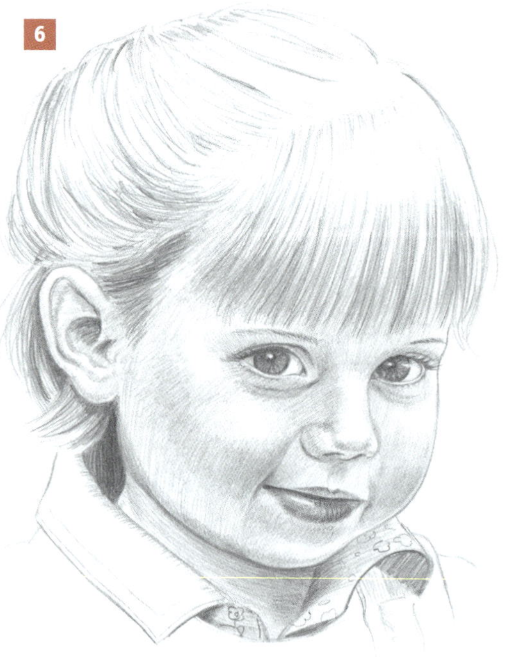

Das Ohr und den Übergang zwischen Oberlippe und Nase ausformen. Die Mundwinkel deutlicher hervorheben. Das Haar erhält dunklere Partien, damit es voller erscheint. Am Kragen ein feines Blümchenmuster auftragen. Generell verstärkt passende kindliche Kleidung, wie Overalls, Shirts, Bänder, Schleifen und Kappen oder Mützen den charmanten Eindruck von Kindlichkeit.

TIPPS

6

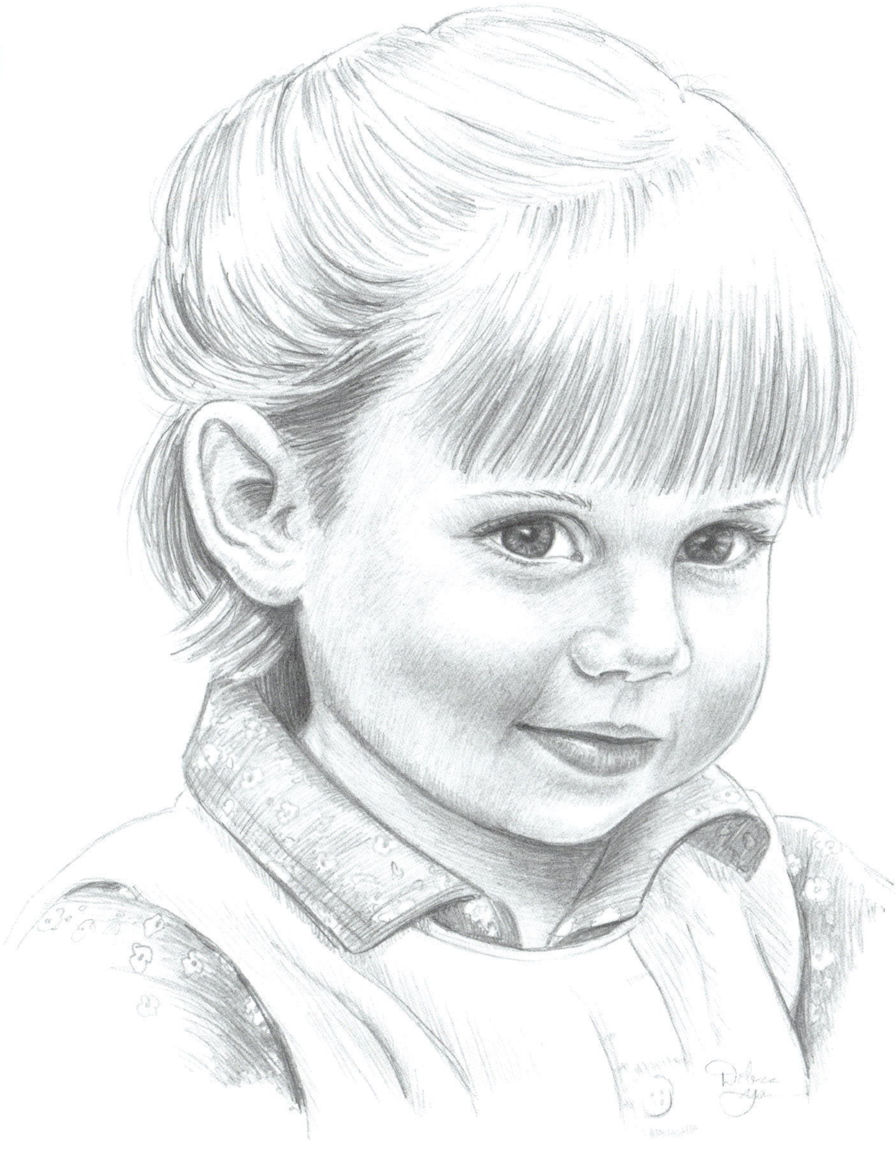

Mit dem Radiergummi weiße Stellen im oberen Bereich der Fransen herausradieren, damit das Haar hell und blond wirkt. Mit dem Bleistift in Härte 3B die Bluse und das Cordoberteil gestalten. Zum Schluss den Knopf aufzeichnen. Sehen Sie sich das Porträt nun mit etwas Abstand an und prüfen Sie, ob es harte Übergänge oder harte Striche hat, die dem Gesamteindruck des kleinen Mädchens schaden.

15 MIN

Zeichnen Sie die ersten Striche mit ganz wenig Druck, und arbeiten Sie die Zeichnung Schritt für Schritt weiter aus. Dunkle, mit Druck gezeichnete Striche lassen sich ganz schlecht ausradieren.

Nur ein Lächeln

Je breiter das Lächeln, desto schmaler werden die Augen. Weil dieses Mädchen so schöne, große Augen hat, habe ich ein Foto als Vorlage gewählt, auf dem sie eher verhalten lächelt.

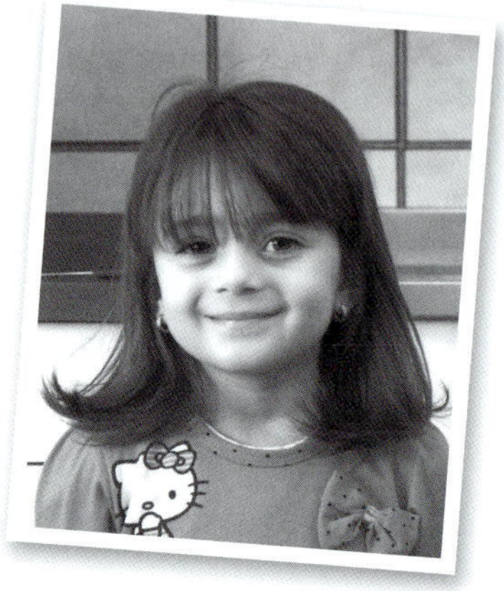

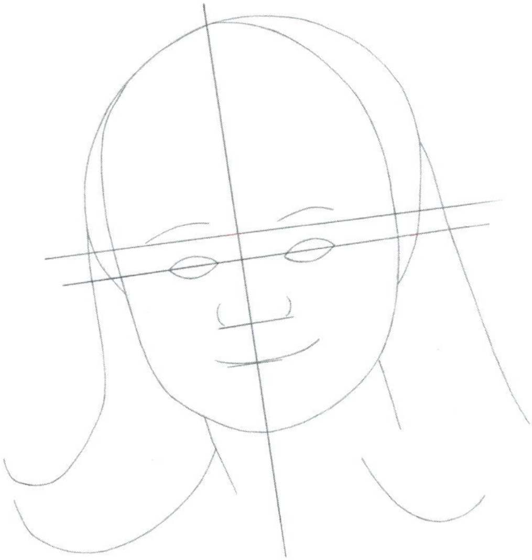

Skizze

Den Kopf in der richtigen Neigung skizzieren. Die senkrechte Mittellinie des Gesichts einzeichnen. Kürzere waagerechte Linien geben die Positionen von Nase und Mund vor. Die Breite der Nase mit kurzen Bögen andeuten.

Kindliche Proportionen

Bei Kleinkindern ist der Unterkiefer im Verhältnis zum restlichen Gesicht sehr klein, darum liegen die Augen unterhalb der waagerechten Mitte. Wenn das Kind größer wird, wächst der Kiefer und die Gesichtsproportionen nähern sich allmählich denen eines Erwachsenen an.

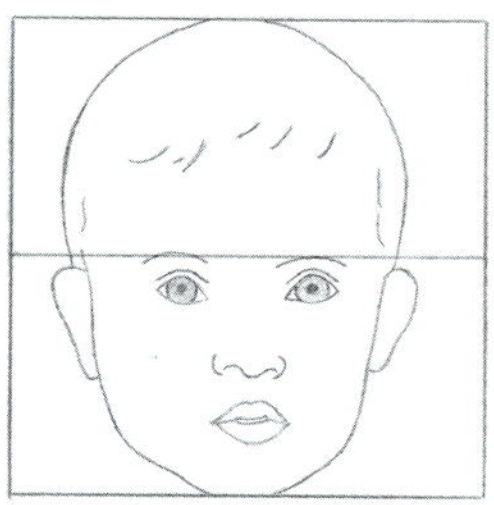

Beim Kleinkind liegt die waagerechte Mitte etwa auf Höhe der Augenbrauen.

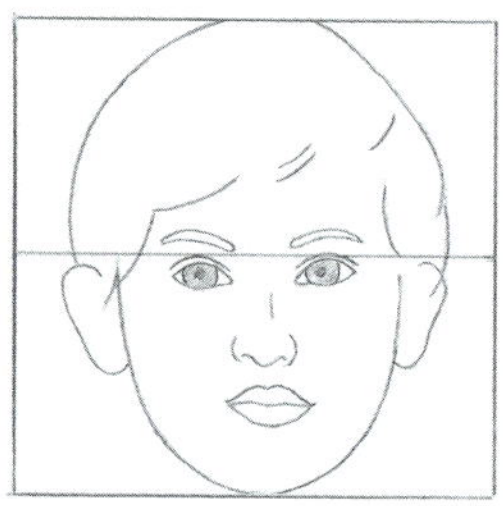

Beim älteren Kind liegt die waagerechte Mittellinie knapp oberhalb der Augen. Beim Erwachsenen verläuft sie mittig durch die Augen.

TIPPS

1

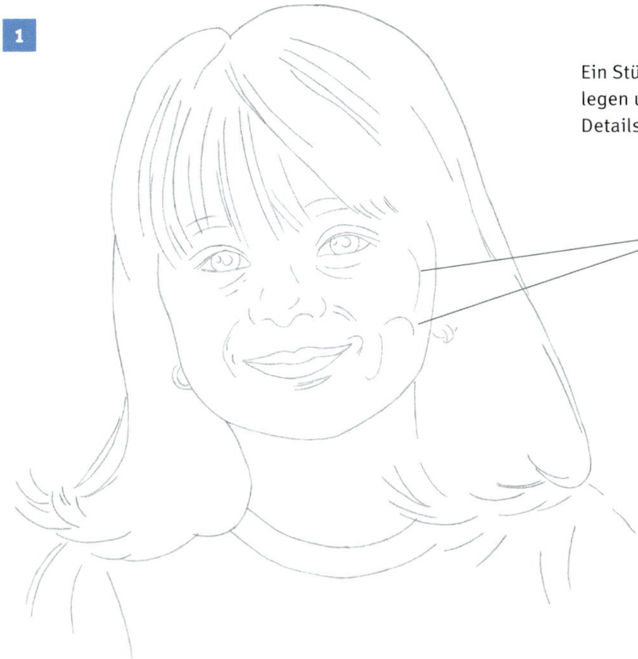

Ein Stück stabiles Transparentpapier auf die Skizze legen und mit Klebeband fixieren. Die Umrisse sowie Details von Haaren und Gesichtszügen einzeichnen.

Die Konturen der Schatten im Gesicht andeuten.

2

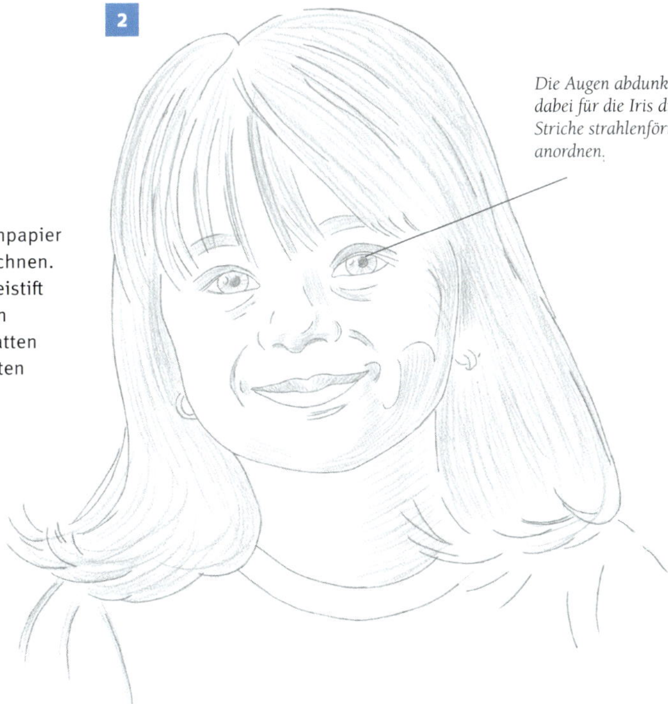

Die Augen abdunkeln, dabei für die Iris die Striche strahlenförmig anordnen.

Die Zeichnung auf ein Blatt Zeichenpapier übertragen und die Linien nachzeichnen. Mit einem seitlich aufgesetzten Bleistift HB die Haare mit langen Strichen in Wuchsrichtung andeuten. Die Schatten auf Gesicht und Hals mit gekrümmten Strichen einfügen.

15 MIN

Versuchen Sie nicht, jedes Haar einzeln zu zeichnen. Stellen Sie sich die Haare lieber als „Masse“ vor, die aus größeren Formelementen besteht. An dieser Übung können Sie das Zeichnen und Schattieren einer breiten Haarsträhne ausprobieren.

TIPPS

3

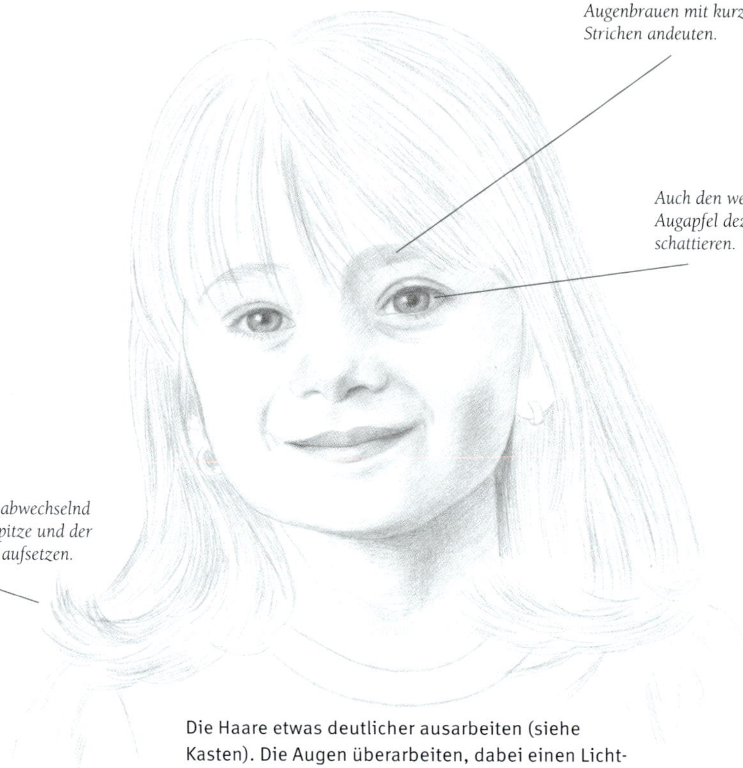

Augenbrauen mit kurzen Strichen andeuten.

Auch den weißen Augapfel dezent schattieren.

Den Stift abwechselnd mit der Spitze und der Breitseite aufsetzen.

Die Haare etwas deutlicher ausarbeiten (siehe Kasten). Die Augen überarbeiten, dabei einen Lichtreflex weiß lassen. Die Striche um die Augen mit dem Bleistift HB verstärken und einige Wimpern einfügen. Gesicht und Hals schattieren. Dabei folgt die Strichführung jeweils der Form.

Haarsträhnen zeichnen

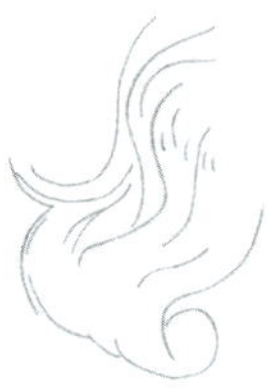

Den Umriss der Hauptform mit einem Bleistift HB zeichnen.

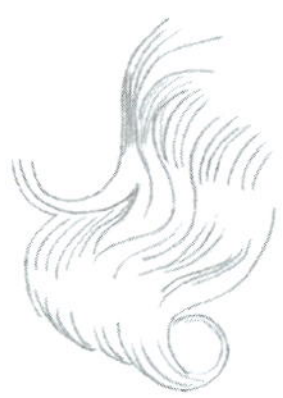

Schauen Sie sich die Form und das Spiel des Lichts genau an. Dunkle Striche, die dem Fall der Strähne folgen, deuten Schatten an.

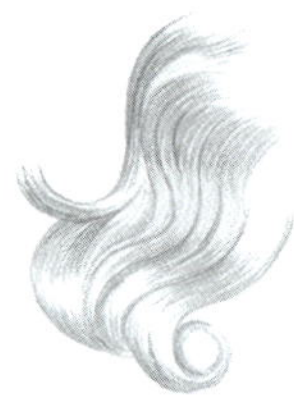

Dunklere Bereiche nochmals schattieren, dabei den Stift mal mit der Spitze, mal seitlich aufsetzen. Einige Bereiche bleiben ganz weiß. Die Form langsam ausarbeiten.

4

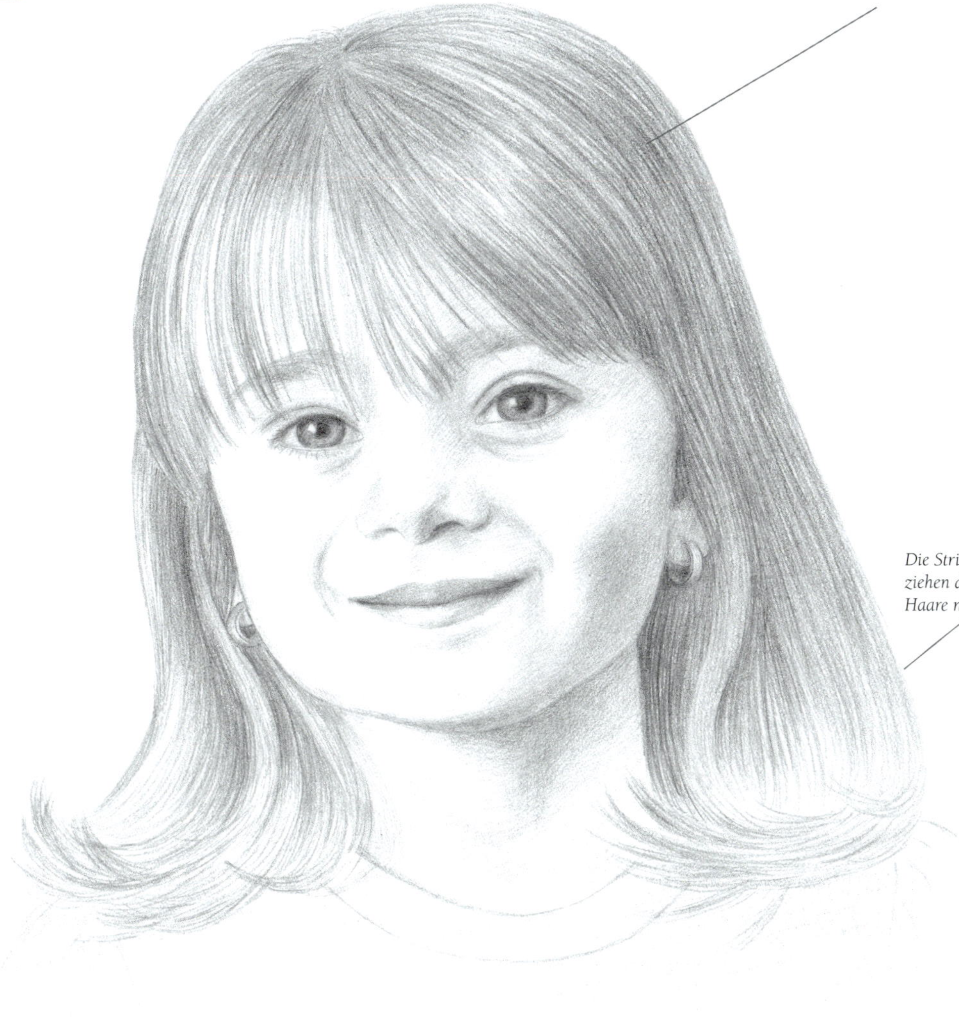

Die Haare fertigstellen, Ohr und Ohrringe schattieren. Den Schatten auf der Wange und den Schlagschatten am Hals abdunkeln. Tieferliegende Partien müssen dunkler sein als vorspringende Bereiche. Wimpern und andere Details um die Augen herum mit einem angespitzten Bleistift HB einzeichnen. Die Augenbrauen mit kurzen Strichen abdunkeln. Dann mit flach gelegtem Stift den Schlagschatten unter dem Pony einfügen und das Shirt hell schattieren.

15 MIN

Bei blondem Haar skizzieren Sie am besten mit wenigen Strichen die Frisur, doch um die Fülle anzudeuten, setzen Sie nur noch einige wenige Linien.

Für Kinderporträts nehmen Sie am bes-ten ein Foto als Grundlage, da Kinder nur mit Mühe länger still sitzen können. Studieren Sie die Gesichtszüge genau und versuchen Sie dann, nur das zu zeichnen, was Sie wirklich vor sich sehen, und nicht das, was Sie zu sehen glauben – oder gar das, was da sein sollte ... Geben Sie nicht gleich auf, wenn die ersten Versuche noch kein Erfolg sind!

TIPPS

Mädchen mit blondem Haar

Bei Menschen mit heller Haut und blondem Haar kommt es darauf an, nur sehr verhalten zu schraffieren: Es sollen zwar die Formen erkennbar sein, aber der Eindruck von Farbigkeit darf nicht entstehen.

Ein heller Typ

Auf diesem Foto sind einige Stellen so hell, dass Wangen, Nase und Pony fast ganz weiß wirken. Für diese Partien lassen Sie in der Zeichnung viel weißes Papier stehen.

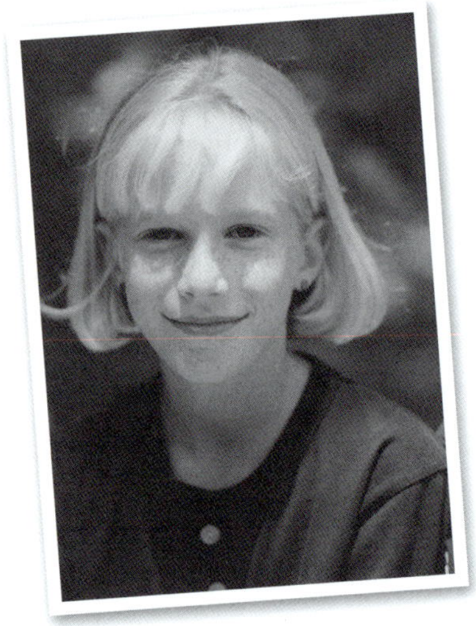

1

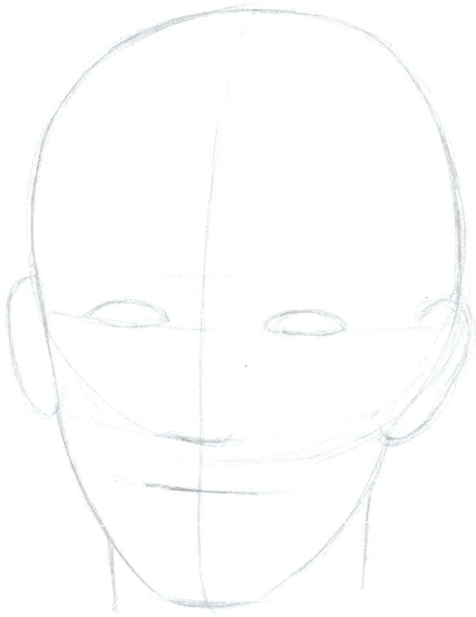

Mit einem Bleistift in Härte HB skizzieren Sie die Form von Kopf und Gesicht. Da das Mädchen den Kopf ein wenig nach links neigt, müssen Sie auch die senkrechte Trennlinie etwas nach links versetzen. Nun noch Augen, Nase und Mund auf den Hilfslinien platzieren und zum Schluss den schmalen Hals vorzeichnen.

2

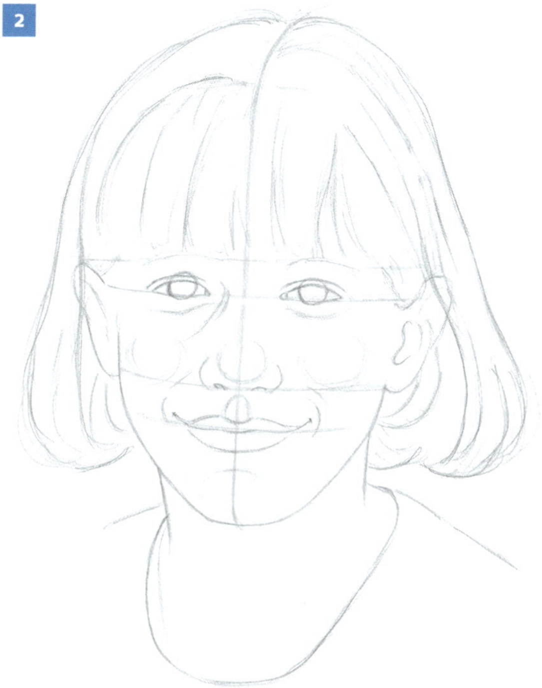

Nun zeichnen Sie mit einem Bleistift in Härte 2B die Gesichtsmerkmale detaillierter ein. Obwohl Sie sich möglichst genau ans Foto halten sollten, ist hier auch künstlerische Freiheit gefragt: Der Pony fällt jetzt gerade über die Stirn, und die eine Haarsträhne, die der Wind nach links geblasen hat, wird ordentlich nach innen gebogen.

3

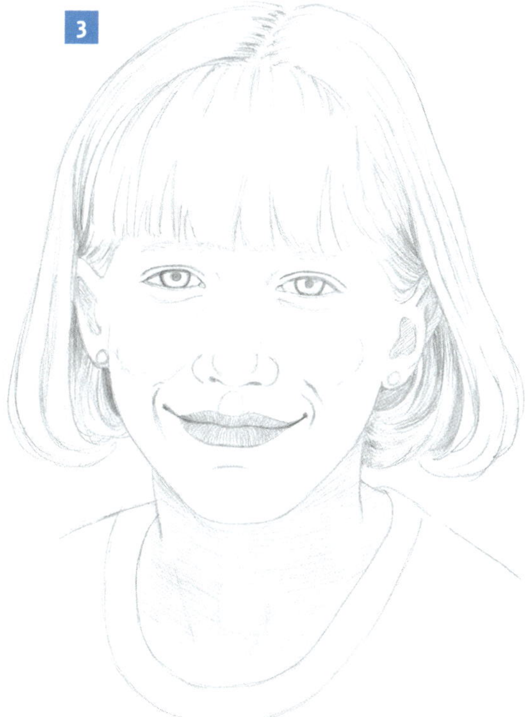

Während Sie weiter an den Details des Gesichts arbeiten, radieren Sie nach und nach die Hilfslinien aus. Lassen Sie sich beim Haar Zeit, damit Scheitel und Strähnen authentisch wirken – lassen Sie viel Papier weiß. Die dunkelsten Stellen sind neben dem Ohr, dort wo die Haare im Dunklen liegen. Denken Sie an die Ohrringe und an die Innenseiten der Ohren. Zeichnen Sie die Lippen ein und mit zarten waagerechten Linien den Hals.

15 MIN

Einige Sommersprossen sollten sich überlappen, einige dürfen heller oder dunkler als die übrigen sein – ändern Sie den Druck des Bleistifts.

4

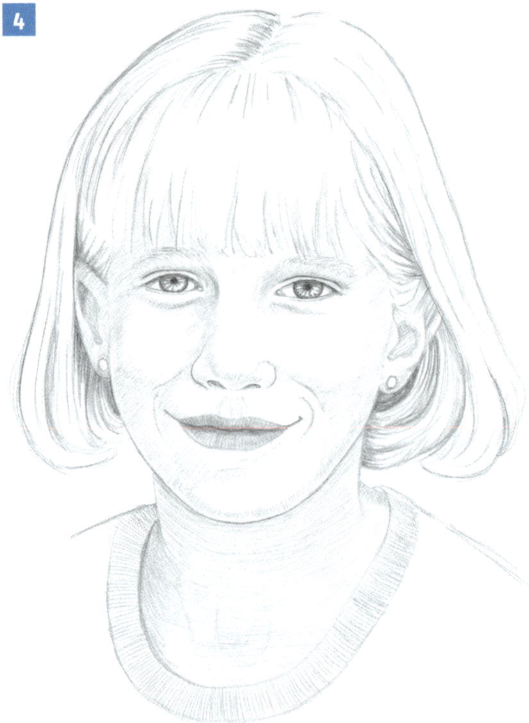

Für das Gesicht selbst verwenden Sie nur ganz feine leichte Striche, damit die Haut so hell wie möglich leuchtet. Mit wenigen kurzen Strichlein entstehen die Grundformen der blonden Augenbrauen. Zeichnen Sie die Iris mit Strichen, die von der Pupille nach außen gehen und stricheln Sie den Kragen des Shirts vor.

Feines Haar

Vor allem bei Kindern ist blondes Haar sehr oft feiner als dunkles Haar. Zeichnen Sie diese Haarstruktur mit engen Partien, zwischen denen viel Weiß stehen bleibt; mit einigen kurzen Haarsträhnen an der Stirn rahmen Sie das Gesicht ein.

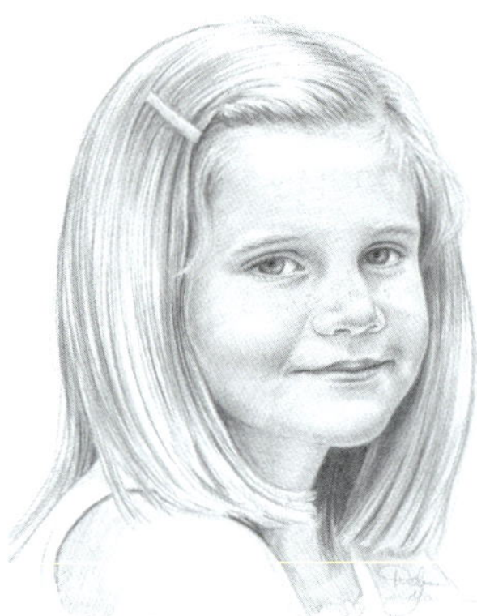

TIPPS

5

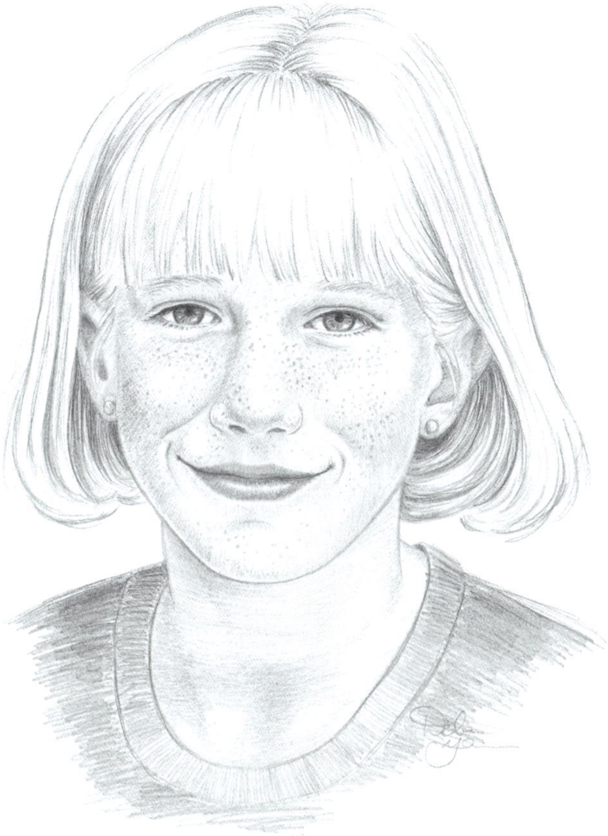

Mit einem Knetradiergummi setzen Sie einen Lichtreflex auf der Unterlippe. Dann zeichnen Sie noch einige dunklere Strähnchen ein und gestalten die Augenbrauen detaillierter. Anschließend machen Sie sich an die Sommersprossen. Das Shirt dagegen beenden Sie mit relativ dunklen Grautönen. Sie betonen nicht nur die hellen Farben des Mädchens, sondern verhindern auch, dass das Porträt ausgeblichen wirkt – was bei sehr hellen Menschen immer eine Gefahr ist.

So nicht!

Wenn Sie Sommersprossen so regelmäßig zeichnen wie hier, dann sehen sie unweigerlich wie Ausschlag aus.

Sommersprossen

Sommersprossen wirken nur echt, wenn Sie jede einzeln zeichnen. Variieren Sie die Größe der Fleckchen ebenso wie den Abstand voneinander. Sie müssen natürlich nicht jede Sommersprosse zeichnen, die Ihr Modell hat! Einige reichen – und das Auge addiert die übrigen.

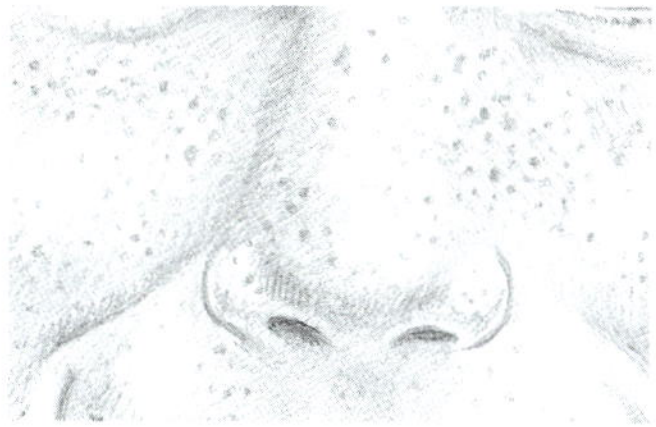

Ältere Menschen

Frau mit Brille

Wenn wir Menschen älter werden, lässt die Elastizität unserer Haut nach: Die Haut wird faltig, Nase und Ohren sinken etwas nach unten, und die Lippen werden schmaler. Zunehmend lässt auch die Sehkraft nach, und so haben viele ältere Menschen eine Brille. An all dies müssen Sie denken und es wahrheitsgetreu wiedergeben, wenn Sie einen älteren Menschen porträtieren wollen.

Wenn Sie jemanden zeichnen, der eine Brille trägt, dann vergrößern Sie die Fältchen hinter den Gläsern. Das gelingt ganz leicht, wenn Sie die Fältchen und den Abstand dazwischen etwas vergrößern.

1

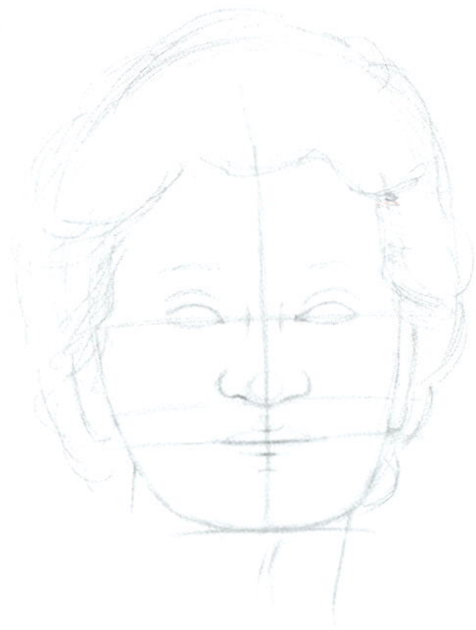

Zeichnen Sie zunächst den Umriss des Gesichts und dann die Hilfslinien, um Augen, Nase, Ohren, Augenbrauen und den Mund richtig zu positionieren. Da bei älteren Menschen die Lippen schmaler werden und sich zusammenziehen, zeichnen Sie die Lippen auch so. Dann deuten Sie noch die Umrisse des Haars an.

2

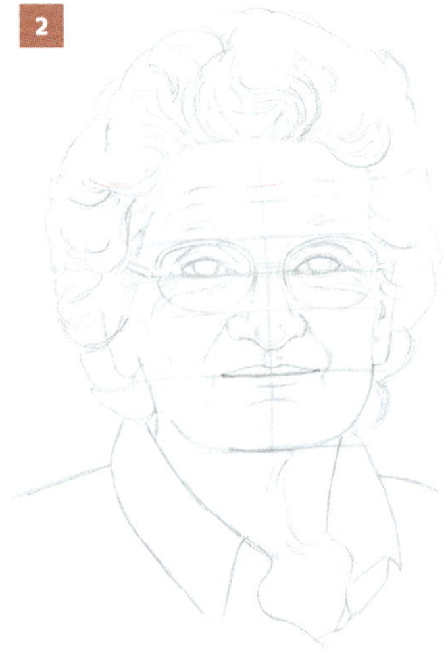

Nun zeichnen Sie die Umrisse der Brille und die ersten Anzeichen des Alters: Zarte Linien um die Augen (Krähenfüßchen) und die Falten auf der Stirn. Kinn und Wangen werden etwas breiter und weicher, da hier die Haut schon nachgegeben hat. Am Hals ist die Haut stellenweise sehr faltig und die Falten neben der Nase sind tief.

TIPPS

Fältchen und Falten am Auge

Das Geheimnis natürlich wirkender Fältchen und Falten ist einfach: Sie dürfen in der Zeichnung nicht auffallen. Deuten Sie Fältchen mit weichen, hellen Schraffuren an – nicht mit harten, eckigen Strichen! Nehmen Sie am besten einen leicht stumpfen Stift. Sie können zu dick oder grob geratene Linien auch gut mit dem Papierwischer oder einem Tuch verreiben oder zu starke Übergänge mit dem Knetradiergummi mildern.

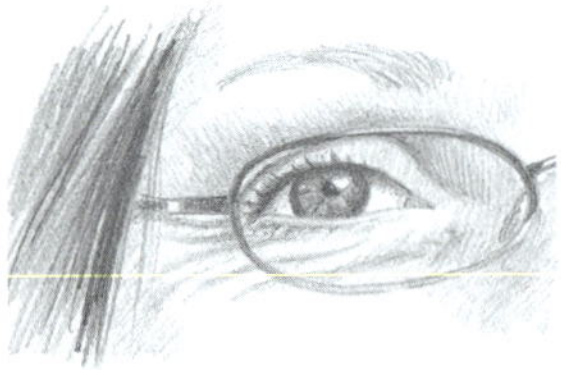

3

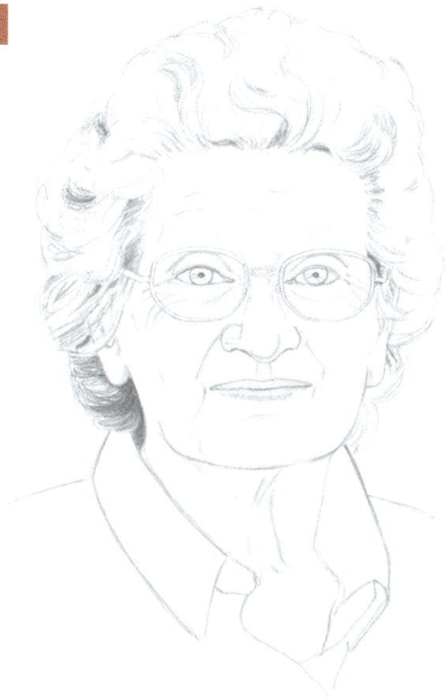

Nehmen Sie nun einen Bleistift in Härte 2B und beginnen Sie mit der Arbeit am Haar, an den Augen (Glanz und Leben durch Pupille und Iris) sowie mit den Falten rund um die Augen, um die Tränensäcke zu zeichnen. Dort, wo man die Fältchen durch die Brillengläser erkennen kann, verstärken Sie sie.

4

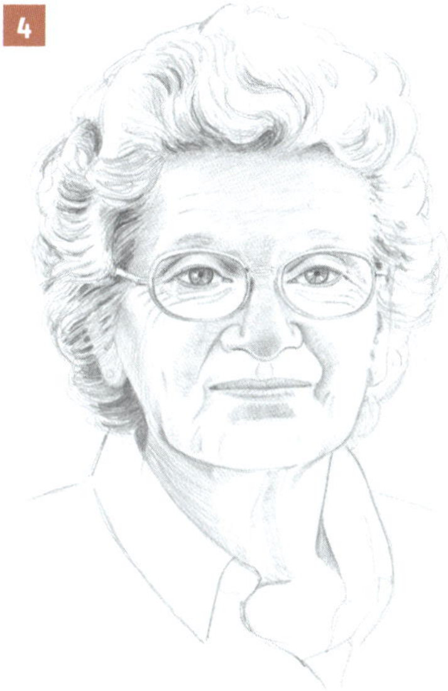

Mit demselben Stift arbeiten Sie nun weiter die Details wie die Falten am Hals und Schraffuren im Gesicht aus. Zeichnen Sie die Augen fertig und betonen Sie den rechten Wangenknochen. Mit Schraffuren rund um Mund und Nase entsteht der Eindruck von weicher Haut in diesen Bereichen. Dann gestalten Sie die dunkleren Bereiche im Haar sowie die Ohrringe.

5

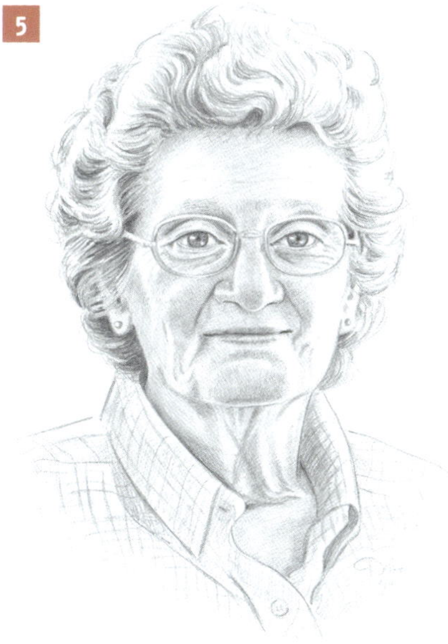

Zum Schluss wird das ganze Gesicht nochmals grau schraffiert – achten Sie dabei darauf, die entsprechenden Falten an den Augen zu vertiefen, damit sie nicht in der Fläche des Gesichts verschwimmen. Gehen Sie dabei aber behutsam vor und glätten Sie harte Übergänge mit dem Papierwischer. Zeichnen Sie nun den Knopf an der Bluse sowie das Muster auf dem Stoff. Halten Sie das Bild ein Stück weg und prüfen Sie, ob Sie mit dem Gesamteindruck zufrieden sind und ob Sie die Knochenstruktur, die Haut und die Falten gut getroffen haben.

Mann mit Bart

Bärte sind ein typisch männliches Merkmal. Mit kurzen, kräftig dunklen Strichen lässt sich ein dichter Bart gut darstellen, geschwungene Linien verleihen einem gebogenen Schnurrbart Schwung. Hat der Mann, den Sie porträtieren, schon graue Stellen im Bart, zeichnen Sie den Bart mit hellen und dunklen Stellen im Pfeffer-und-Salz-Stil. Für Bartstoppeln sind kleine kurze Striche ideal.

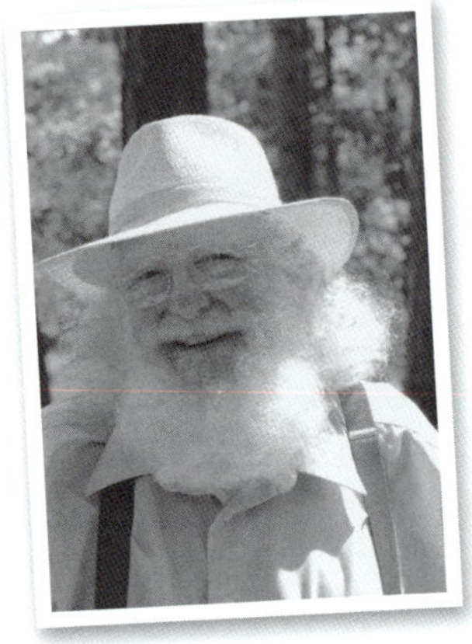

1

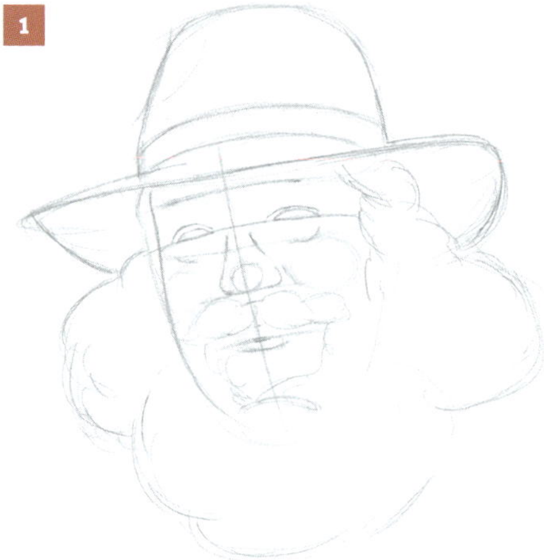

Zuerst das Gesicht mit einem Bleistift in Härte HB vorzeichnen. Dann die Hilfslinien und die Gesichtszüge skizzieren. Als Erstes mit lockeren runden Linien den Hut mit dem Hutband zeichnen sowie das Volumen des Gesichtshaars. Wie bei jeder anderen Frisur auch, werden nur die Umrisse der Haare zur Papier gebracht.

2

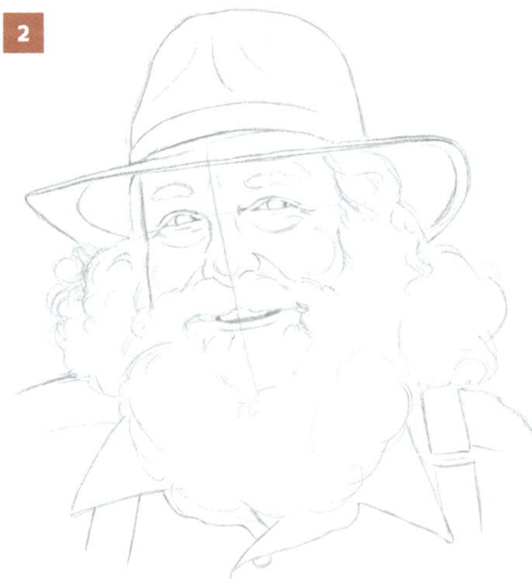

Mit einem Bleistift in Härte 2 bei den Augen, Augenbrauen und Zähnen mehr ins Detail gehen. Die Lachfältchen um die Augen und die Falten auf der Stirn vorskizzieren. Dann Hemd und Kragen, Hut und Hosenträger andeuten. Nun folgt das Haar mit kreisförmigen Strichen: Von oben nach unten arbeiten. Zum Schluss den Schnurrbart andeuten, der den Mund teilweise bedeckt.

Wenn das Gesicht, das Sie zeichnen wollen, teilweise verdeckt ist, zeichnen Sie es zunächst im Ganzen. Dann erst werden Hut, Bart, Sonnenbrille etc. an ihre Stelle gesetzt. Obwohl der Kopf nicht vollständig zu sehen ist, müssen seine Grundformen stimmen, damit alle Accessoires richtig sitzen.

TIPPS

3

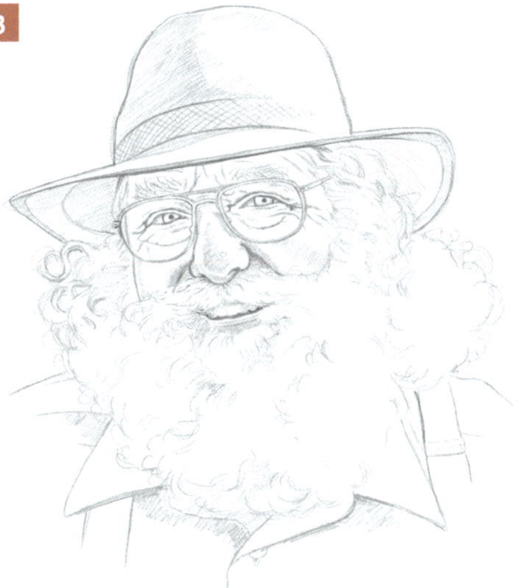

Zuerst die überflüssigen Hilfslinien ausradieren und die Augen mit der Brille feiner ausgestalten. Dann dem Hut mit ersten Schraffuren Form verleihen – das Hutband erhält saubere Kreuzschraffuren. Die Locken im Bart und im Schnurrbart erhalten durch kurze kleine Striche Leben. Die Locken auf der linken Seite unter dem Hut werden dunkler, denn sie liegen im Schatten.

4

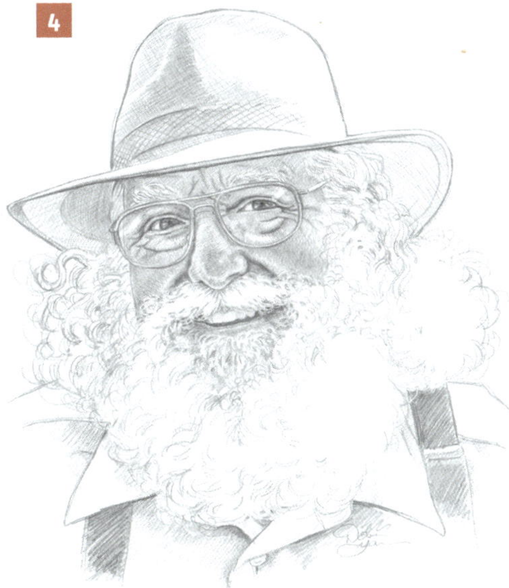

Nun erhält in beiden Augen die Iris ihre Farbe – an die Lichtreflexe denken und die entsprechenden Stellen weiß lassen. Mit einem Knetradiergummi auch auf der Brille helle Stellen für die Reflexe herausradieren. Am Hut weiterarbeiten ebenso an den Hosenträgern und am Hemd. Zum Schluss Haare und Bart sorgfältig gestalten: Dazu zwischen engen, kleinen Kurven und schnellen geraden Strichen wechseln. Der Schnurrbart und die Barthaare nahe am Mund erhalten durch ganz kurze klare Linien Ausdruck – den Rest des Barthaares ergänzt das Auge des Betrachters.

Bärte

Wenn Sie, wie hier, einen weißen Bart zeichnen, dann deuten Sie ihn nur mit einigen wenigen Strichen an – aber Sie müssen auch genug Stellen weiß lassen. Mit Strichen in unterschiedlichen Richtungen wird das Interesse an dieser schönen Bartfülle geweckt. Ein Tipp: Geben Sie der Haut am Bartansatz einen schönen Grauton, damit man sie auch unter dem Bart sehen kann.

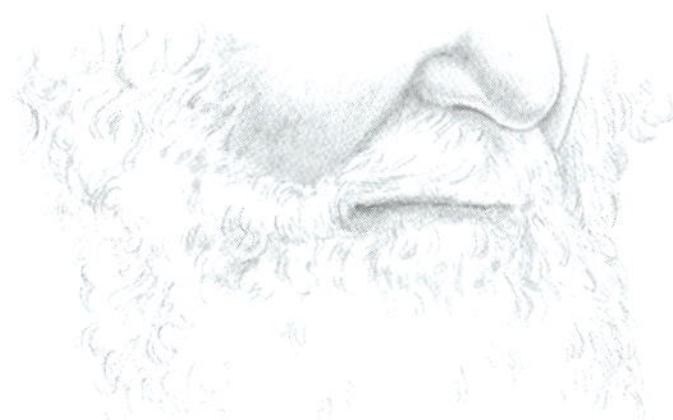

Die meisten Künstler nehmen am liebsten einen gut gelungenen Schnappschuss als Vorlage. Je besser das Gesicht zu sehen ist, umso besser werden Sie es treffen.

Zeichnen Sie bloß keinen winzigen Kopf in einer Ecke Ihres Papiers. Nutzen Sie den Platz, den Sie haben.

TIPPS

15 MIN

Ältere Schönheit

Die Schönheit älterer Gesichter offenbart sich manchmal erst auf den zweiten Blick. Um sie zeichnerisch zu erfassen, ist es wichtig, sich auf die großen Formelemente des Gesichts zu konzentrieren, statt sich in Details – beispielsweise Falten – zu verlieren. Hilfreich ist dabei weiches, indirektes Licht anstelle einer starken, direkten Lichtquelle.

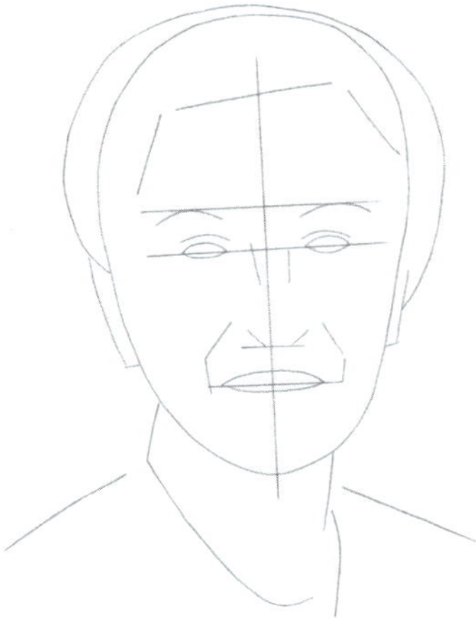

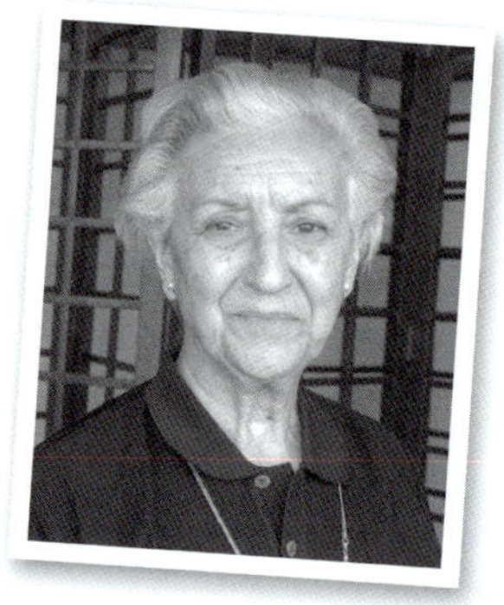

Skizze

Mit einfachen Grundformen und Linien beginnen, um Winkel und Positionen festzulegen.

1

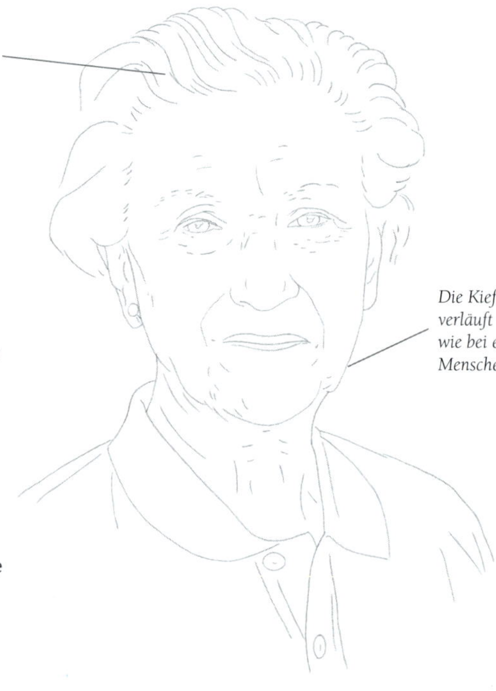

Strichführung der Haare entspricht der Wuchsrichtung.

Die Kieferkontur verläuft nicht so glatt wie bei einem jungen Menschen.

Ein Stück stabiles Transparentpapier auf die Skizze legen, mit Klebeband fixieren und die Konturen von Gesicht und Haaren zeichnen. Ohren und Gesichtszüge genauer ausarbeiten. Die Augenbrauen ebenso wie die Falten unter den Augen und die ausgeprägten Falten im Gesicht mit kurzen, durchbrochenen Strichen andeuten. Achten Sie beim Zeichnen des Halses auf die Schatten, die mit zunehmendem Alter tiefer werden. Zuletzt die Konturen der Bluse zeichnen.

2

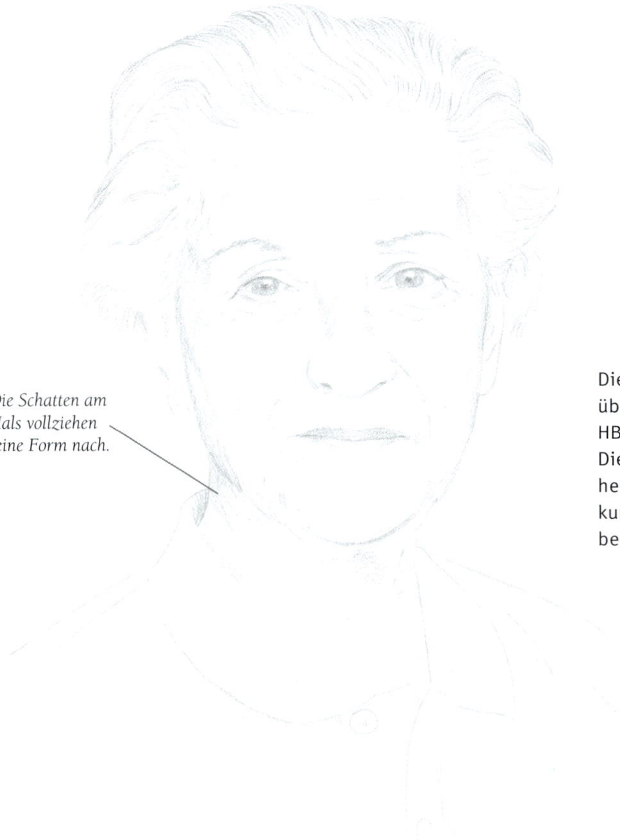

Die Schatten am Hals vollziehen seine Form nach.

Die Zeichnung auf ein sauberes Blatt Papier übertragen und die Haare mit einem Bleistift HB und langen, zarten Strichen andeuten. Die seitlichen Flächen von Gesicht und Nase hell schattieren. Lippen und Augenbrauen mit kurzen Strichen abdunkeln. Hals und Bluse bekommen ebenfalls helle Schatten.

Alterserscheinungen

Beim Zeichnen älterer Menschen kommt es vor allem auf die großen Formelemente des Gesichts an, weniger auf die Einzelheiten. Versuchen Sie, ältere Fotos als Vorlage zu verwenden. Moderne Kameras mit hoher Auflösung erfassen jedes noch so kleine Detail. Für diese Zeichnung wurde ein 35 Jahre altes Foto einer lachenden alten Frau verwendet. Die typischen Merkmale des Alters sind gut zu erkennen, auch ohne dass die einzelnen Falten abgebildet wurden.

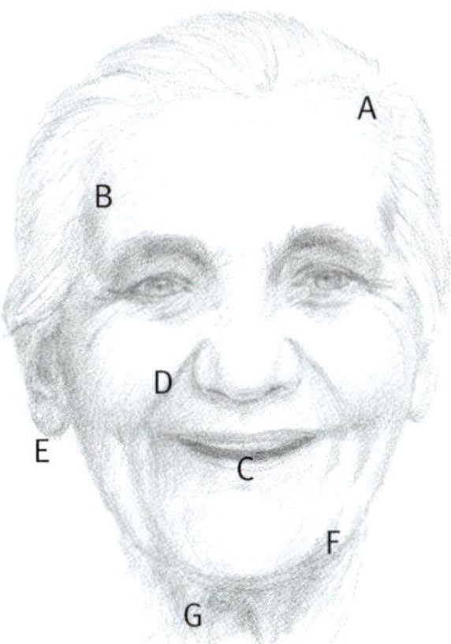

A Die Haare werden dünner, der Haaransatz weicht zurück.

B Knochenstruktur des Schädels ist erkennbar, vor allem an den Schläfen.

C Die Lippen werden schmaler, ihre Konturen unschärfer.

D Große Mimikfalten werden tiefer.

E Die Ohrläppchen werden länglicher.

F Die Haut entlang der Kieferkontur ist nicht mehr straff.

G Der Hals verliert an Straffheit.

15 MIN

Nur wenn ein Porträt richtig auf dem Blatt positioniert wird, kann es gut wirken. Der Schlüssel dazu sind die Augen. Sie ziehen den Blick des Betrachters als Erstes auf sich und sollten weder auf der senkrechten noch auf der waagerechten Mittellinie liegen. Setzen Sie die Augen auch nicht zu nah an den oberen oder unteren Rand oder zu weit nach außen, denn das ruft das Gefühl von Unausgewogenheit hervor.

TIPPS

3

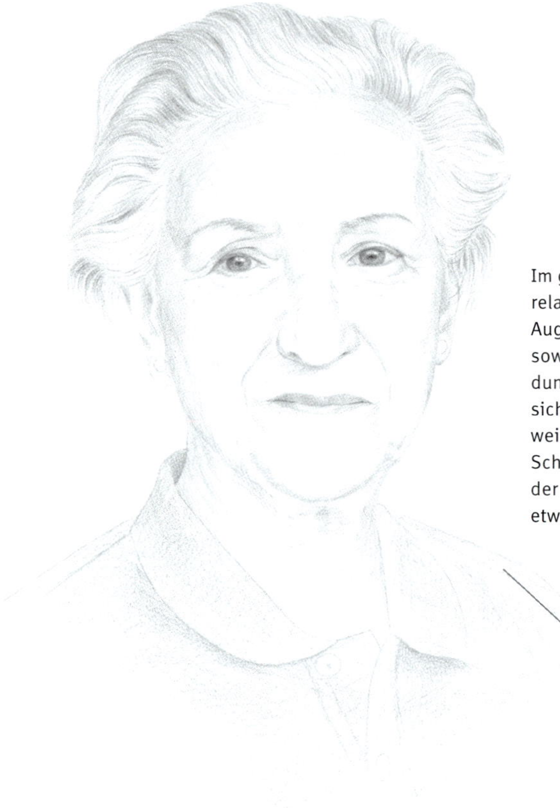

Im grauen Haar werden nur relativ blasse Schatten eingefügt. Augenbrauen, Iris und Pupillen sowie die Lippen nochmals abdunkeln. Die Formschatten im Gesicht, an den Ohren und am Hals weiter ausarbeiten. Vor allem die Schatten an den Seitenflächen der Nase und unter ihr werden etwas dunkler eingetönt.

Die Schattierungen auf der Bluse orientieren sich am Gewebe des Stoffs.

Haarfarben

In Bleistiftzeichnungen müssen Farben durch Graustufen vermittelt werden. Das ist besonders wichtig, wenn es darum geht, eine „Haarfarbe“ darzustellen.

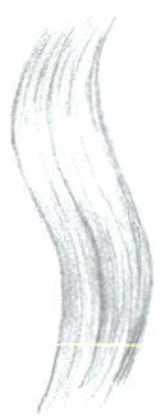

Blonde und graue Haare haben einen hellen Tonwert, darum müssen die Schatten blass und zart gezeichnet werden. Deuten Sie schmale Schattenlinien mit der Spitze des Bleistifts an.

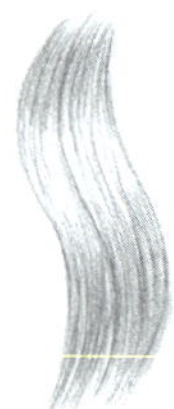

Für mittlere Tonwerte, etwa von dunkelblondem oder hellbraunem Haar, dürfen die Schatten etwas kräftiger gezeichnet werden, jedoch nicht zu dunkel.

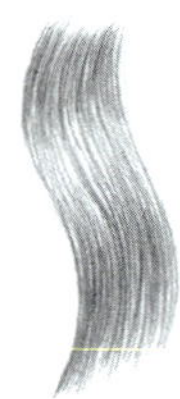

Bei dunkelbraunen und schwarzen Haaren ist es wichtig, Form und Fall durch hellere Lichtreflexe erkennbar zu machen.

4

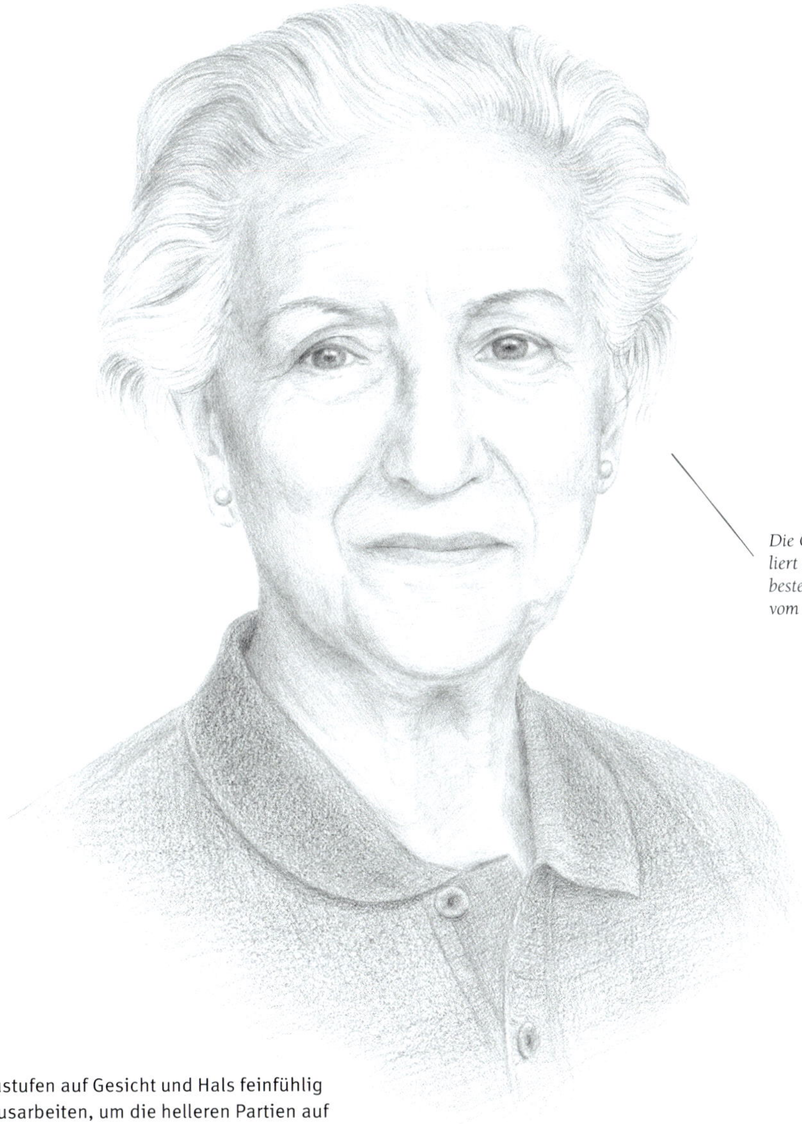

Die Ohren nicht zu detailliert ausarbeiten, sonst besteht die Gefahr, dass sie vom Gesicht ablenken.

Die Graustufen auf Gesicht und Hals feinfühlig weiter ausarbeiten, um die helleren Partien auf Wangen und Stirn zu modellieren. Die Bluse wird mit einem flach aufgesetzten Bleistift 2B etwas stärker abgedunkelt.

Alter Mann

Um das möglichst wirklichkeitsnahe Porträt eines älteren Mannes zu gestalten, brauchen Sie eine Reihe von unterschiedlichen Techniken, wie das Zeichnen von schütterem weißem Haar, Fältchen und alternden Gesichtszügen.

Man sieht, dass dieser Mann Sorgen hat. Zeichnen Sie deshalb schon in Schritt 1 die etwas herabgezogenen Augenbrauen. In Schritt 2 verwenden Sie klare Linien, um das Haar und die Gesichtsmerkmale festzulegen. Schraffieren Sie mit diagonalen Strichen, die aus unterschiedlichen Richtungen kommen, um die Anspannung im Gesicht zu zeigen.

Wenn Sie kein Foto finden, auf dem eine Stimmung zu sehen ist, die Sie gerne abbilden würden, dann stellen Sie sich einfach vor den Spiegel und probieren eine Emotion aus, die Sie anschließend zeichnen.

TIPPS

1

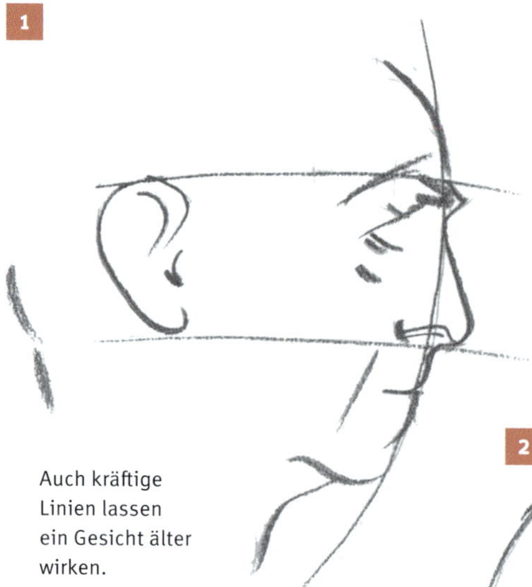

Auch kräftige Linien lassen ein Gesicht älter wirken.

2

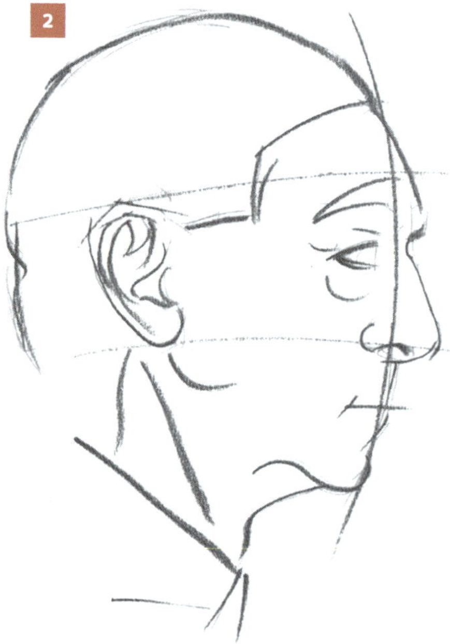

3

Wenige feine Striche auf dem Kopf lassen schütteres Haar ahnen.

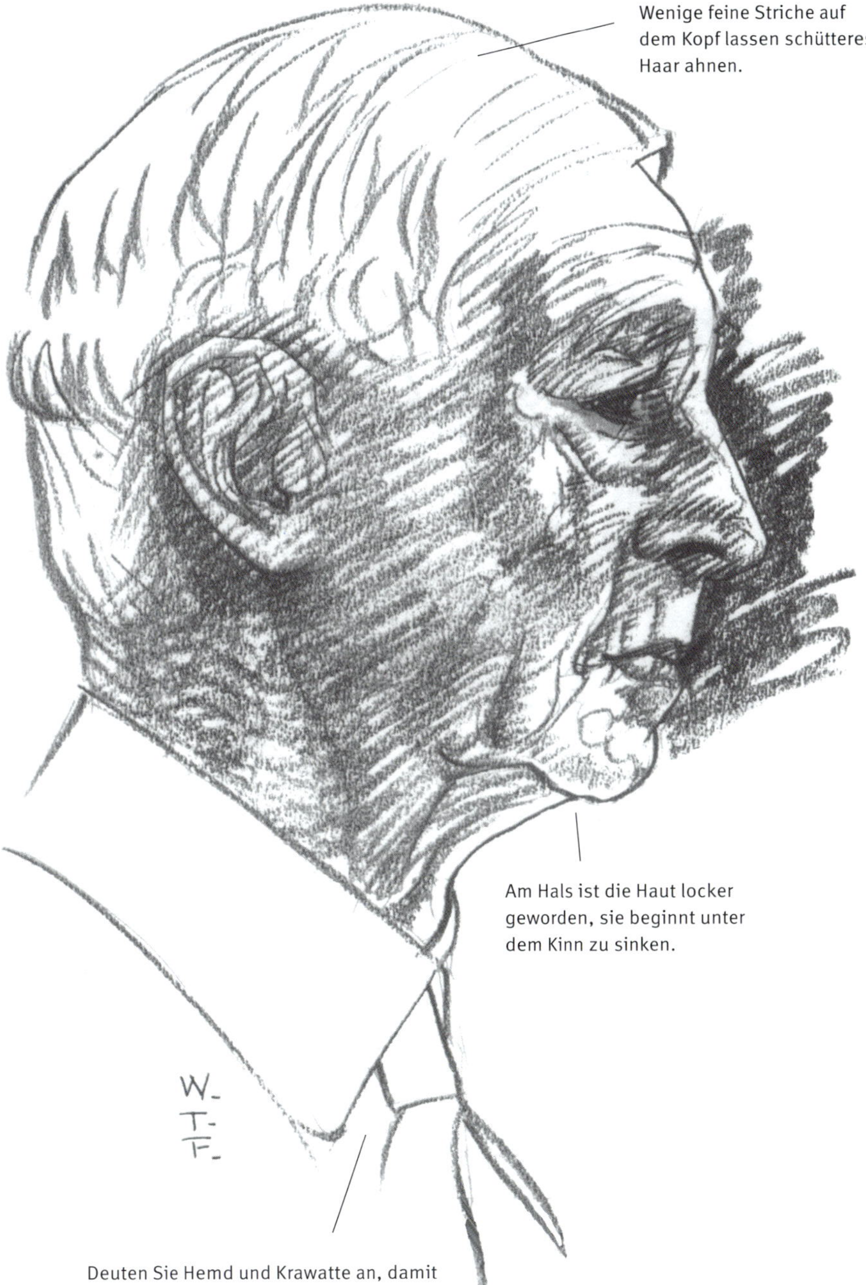

Am Hals ist die Haut locker geworden, sie beginnt unter dem Kinn zu sinken.

Deuten Sie Hemd und Krawatte an, damit es nicht aussieht, als würde der Kopf des Mannes auf dem Papier schweben.

PRODUKTMANAGEMENT UND KONZEPTION: Hannelore Irmer-Romeo

REDAKTION UND LEKTORAT: Redaktionsbüro Niethammer, Ludwigsburg

ÜBERSETZUNG: Verena Zemme, AKKABA Text- und Presseagentur, Miesbach; Wiebke Krabbe, Damlos

COVERGESTALTUNG: Eva Hook

HERSTELLUNG: Heike Köhl

DRUCK UND BINDUNG: DZS Grafik, Slowenien

MIX
Papier | Fördert gute Waldnutzung
FSC® C106600

Penguin Random House Verlagsgruppe FSC® N001967

produktsicherheit@frechverlag.de

7. Auflage 2025

ISBN 978-3-7724-4770-9 · Best.-Nr. 4770